JOURNAL

D'UN

VOYAGE EN ORIENT

VICOMTE DE SAVIGNY DE MONCORPS

JOURNAL

D'UN

VOYAGE EN ORIENT

1869 — 1870

ÉGYPTE — SYRIE — CONSTANTINOPLE

ILLUSTRÉ

PAR RIOU ET ALPH. DE NEUVILLE

DE 19 DESSINS

GRAVÉS PAR HILDIBRAND

PARIS

LIBRAIRIE HACHETTE ET Cie

79, BOULEVARD SAINT-GERMAIN

1873

Droits de propriété et de traduction réservés.

I

EN MER — ALEXANDRIE — PORT-SAÏD

INAUGURATION DU CANAL DE SUEZ — ISMAÏLIA

SUEZ — ARRIVÉE AU CAIRE

LES PYRAMIDES

I.

Je dirai : J'étais là, telle chose m'advint.

(La Fontaine.)

Mardi 9 novembre. — Avoir trente ans et une santé parfaite, avoir l'invitation que S. A. R. le Vice-Roi d'Égypte m'a fait l'honneur de m'envoyer pour l'inauguration du canal de Suez, partir avec d'excellents amis, d'aimables compagnons, voilà plus de choses qu'il n'en faut, n'est-ce pas? pour voir la vie tout en rose. Aussi, le cœur joyeux, l'esprit léger et personnifiant bien le fameux *cupidus videndi* de Lhomond, je m'embarque à Marseille sur le bateau qui doit nous emmener à Alexandrie et à Suez; c'est un superbe paquebot à aubes des Messageries impériales. A huit heures, la *Guienne* lève l'ancre pour se lancer à toute vapeur sur la Méditerranée. Le temps est splendide, jamais je n'ai vu la mer si parfaitement calme; un très-beau soleil répand un éclat merveilleux sur cette masse d'eau immense, le paysage est magique. Ces côtes nues, ces îles dépouillées composent une harmonie riante avec le ciel et l'eau du Midi; les rochers se découpent en fins profils sur un bleu pur.

Nous faisons sur le pont une installation complète. Le duc de Vallombrose est élu président de notre bande, qui se compose : du baron de Chabrefy et de son fils, du vicomte de Quincey, du comte J. d'Aramon, du comte F. Le Gonidec, de Richard Corbin, du colonel Mac-Call, du comte G. de Villeneuve, du baron de Verneaux et de moi; il s'y adjoint un Américain du club de l'*Union*, Eustis, homme charmant, gai et parfait gentleman. Il y a aussi à bord M. Duruy, ancien ministre de l'instruction publique, MM. Neight et du Jardin, secrétaires de la légation de Belgique en France, de Luppé, de La Bédollière, Lesly, correspondant de l'*Illustration* de New-York, J. Macé, l'auteur de l'*Histoire d'une Bouchée de Pain*, etc.

La salle à manger de cent cinquante couverts sert de salon; c'est là que nous faisons notre piquet. Le capitaine Capoufigue est fort aimable et se met entièrement à la disposition des passagers. Le déjeuner est à neuf heures et demie, on lunche à deux heures et demie si l'appétit est bon, si l'estomac est assez complaisant; à cinq heures le dîner, à neuf heures et demie le thé.

Nous voyons longtemps les côtes de France, les îles d'Hyères; puis nous avons le large, l'immensité.

Mercredi 10 novembre. — Nous traversons les bouches de Bonifacio par un temps splendide; la mer est unie comme une glace. Nous passons devant le rocher où s'est perdue la *Sémillante*, et quelques heures après devant la Madeleine et Caprera, où le capitaine me montre la maison blanche de Garibaldi. Notre bateau est solide, mais mauvais marcheur.

Nous allons, venons et rions comme des fous. C'est joli de naviguer ainsi!

Jeudi 11 novembre. — La mer, assez mauvaise, se calme un peu pourtant entre les écueils de Charybde et Scylla. Nous filons le long des côtes de Sardaigne et d'Italie; la côte de Sicile est riante, partout des parcs, des vergers, des villas, des cabanes pittoresques. L'Italie est plus abrupte et moins cultivée.

Nous entrons vers le soir dans le détroit de Messine et passons à neuf heures devant la ville. Le gaz est allumé sur les quais et là-bas, à notre gauche, dans les rues de Reggio. Le capitaine fait seulement stopper pour envoyer quelques lettres à terre, après quoi nous accrochons un bateau qui passait par là.

C'est un brick de commerce qui n'a pas allumé ses feux et vient à la dérive par le travers de notre avant; passagers et matelots se jettent à la barre. La *Guienne* fait un écart; mais le brick rase les flancs de notre bateau, ses mâts craquent, se cassent et l'équipage pousse des cris affreux : « Madona! Madona! Santa Maria, siamo perduti! » Le frêle navire va-t-il couler? Une émotion profonde s'empare de nous! Heureusement il y a peu de mal, personne de blessé, seulement quelques avaries dans nos aubes et la mâture de notre victime.

C'est un incident. Les groupes se forment, on discute, on commente l'événement de la journée.

Vendredi 12 novembre. — Le détroit de Messine est passé, mais nous sommes sous l'influence de l'Adriatique; on circule au péril de ses jours sur le pont, on se serre les uns contre les autres, et, malgré tout, on trouve encore le mot pour rire. On déjeune et on dîne aux *violons*, c'est-à-dire que des cordes sont tendues sur les tables pour retenir les bouteilles, les verres, les assiettes, etc.

Samedi 13 novembre. — Toujours gros temps, beaucoup de malades inertes sur le pont. Notre bande s'augmente de MM. Neight, de Luppé et du Jardin; de temps en temps, un bout de conversation avec M. Duruy, causeur charmant, plein de verve et d'esprit, d'une érudition variée, qu'il sait mettre à la portée de tous.

Dimanche 14 novembre. — Le ciel, la mer, c'est bien monotone, et de plus il fait très-froid. Nous sommes installés à la poupe, les cœurs sont moins solides, les teints moins brillants, la conversation plus terne; avec tout cela, le bateau est en retard et nous finirons par ne pas débarquer à Alexandrie.

Lundi 15 novembre. — Hélas! nous y relâchons trois heures et voilà tout! et il faut renoncer à la douce perspective du chemin de fer et d'un bon lit. L'ordre du jour porte départ de la *Guienne* pour Port-Saïd et Suez. Il y a un moment de tristesse contre lequel nous réagissons par une promenade à âne des plus pittoresques dans les rues d'Alexandrie. C'est curieux et bizarre, cette ville d'Alexandrie. Dans le quartier turc, les costumes sont jolis, mais sales; les rues pleines de mouvement, mais étroites et infectes; les maisons ont une apparence misérable. Plus loin, dans le quartier franc, une place spacieuse alignée au cordeau, d'une physionomie tout européenne et une large rue pleine de magasins français et anglais témoignent de l'importance commerciale de la ville, importance qui s'explique, d'ailleurs, par sa situation entre l'Asie et l'Afrique, à portée des

Indes et de l'Europe, et par la sûreté de son port à l'abri de tous les vents. Plus loin encore, les aiguilles de Cléopâtre et la colonne de Pompée, d'un seul bloc de granit rose, rappellent l'ancienne splendeur de la cité d'Alexandre.

Une masse de petits bateaux égyptiens se disputent nos personnes pour nous reconduire à bord; la mer est belle; en route pour Port-Saïd!

Mardi 16 novembre. — Nous y entrons par un temps superbe, à la suite de l'*Aigle,* ce qui nous vaut une canonnade de premier ordre. La *Guienne* vient s'amarrer entre un bateau égyptien et le *Péluse,* sur lequel se trouvent Bonneval, La Panouze, Bauffremont. En même temps arrivent de terre Melchior de Vogüé, Louis de La Rochefoucauld, Breteuil, Pajol, d'Hédouville. C'est un joyeux tumulte pendant déjeuner; on va, on vient à bord; dans la salle à manger on s'embrasse, on crie à s'enrouer, bref on nous emmène en triomphe à bord du *Forbin* (commandant Mayer), où je suis présenté à Abd-el-Kader, et à terre, où nous assistons au *Te Deum* chanté en plein air en présence de l'Impératrice, du prince et de la princesse H. des Pays-Bas, de l'empereur d'Autriche, du prince royal de Prusse, du khédive, d'Abd-el-Kader. Entre les prières de l'iman et le *Te Deum* de l'évêque, Mgr Bauër fait un discours que je puis reproduire ici en entier, grâce à la bienveillance de l'éloquent prélat.

Une foule immense se presse aux abords de l'élégante estrade, sur laquelle sont placés les souverains et les personnages de distinction de tous les pays du monde. C'est à qui verra de plus près ces splendides uniformes chamarrés de décorations! C'est à qui verra de plus près et le gracieux visage de S. M. l'Impératrice, et la belle tête de l'émir Abd-el-Kader.

Mais le héros de la journée, celui qui attire tous les regards, c'est M. F. de Lesseps, dont le nom appartient désormais à l'histoire. Il est là, ému de cette solennité qui le met au rang des grands hommes, et fier de l'accomplissement « de cette œuvre gigantesque, risée du monde, avant d'être devenue aujourd'hui l'objet de ses plus enthousiastes admirations. »

Le voilà maintenant récompensé de dix années d'efforts pendant lesquelles, luttant contre tous les obstacles et persévérant avec énergie dans la voie qu'il s'était tracée, il a pu faire communiquer, à travers l'Égypte, la mer Rouge avec la Méditerranée.

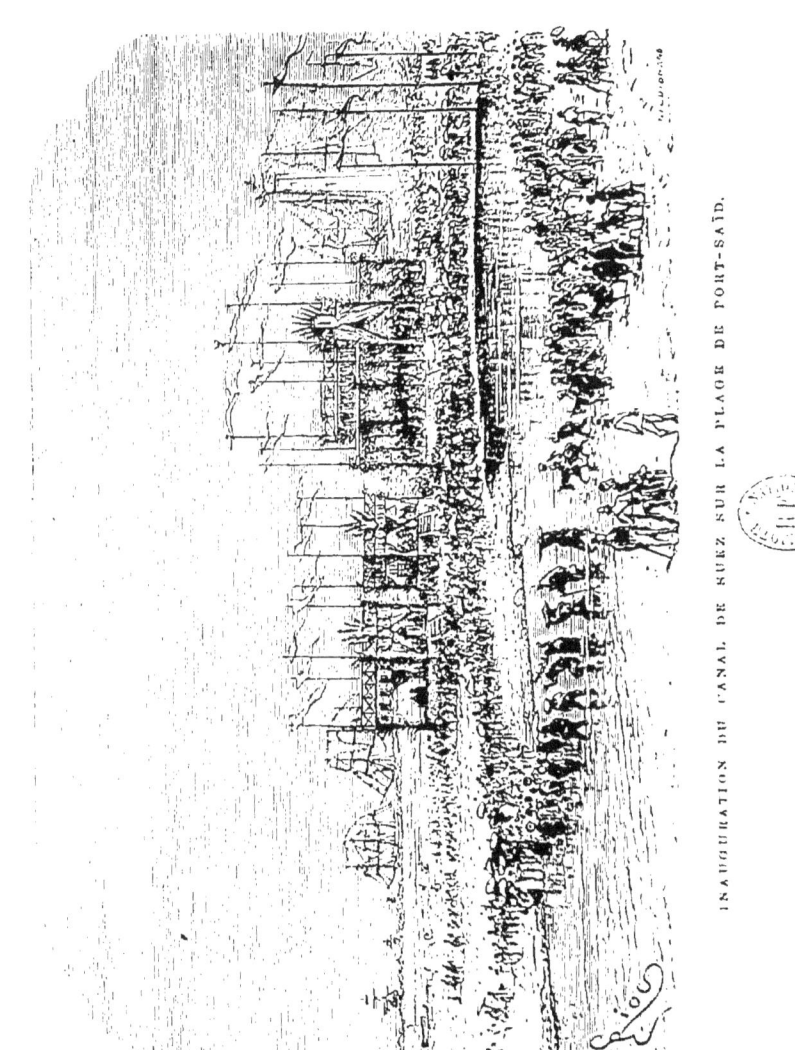

INAUGURATION DU CANAL DE SUEZ SUR LA PLAGE DE PORT-SAÏD.

DISCOURS DE MGR BAUER

16 novembre 1869.

« Monseigneur,

« Madame,

« Sire,

« Il est permis d'affirmer que l'heure qui vient de sonner est non-seulement une des plus solennelles de ce siècle, mais encore une des plus grandes et des plus décisives qu'ait vues l'humanité depuis qu'elle a une histoire ici-bas. Ce lieu où confinent, sans désormais y toucher, l'Afrique et l'Asie, cette grande fête du genre humain, cette assistance auguste et cosmopolite, toutes les races du globe, tous les drapeaux, tous les pavillons flottant joyeusement sous ce ciel radieux et immense, la croix debout et respectée de tous en face du Croissant! que de merveilles, que de contrastes saisissants, que de rêves réputés chimériques devenus de palpables réalités, et, dans cet assemblage de tant de prodiges, que de sujets de réflexion pour le penseur, que de joies dans l'heure présente, et, dans les perspectives de l'avenir, que de glorieuses espérances !

« Oui! le voilà donc enfin sous notre regard, à nos pieds, ce travail de géant, ce canal universel des deux mondes, que l'on a cru impossible, parce que l'on ne se doutait pas de quoi est capable l'homme quand il veut véritablement. Le voilà, créé par des créatures, ce fleuve qui sera désormais le sujet de l'étonnement éternel des générations ! le voilà achevé par la science, l'audace, les trésors, les luttes de toute nature, la persévérance, le génie de l'homme et la manifeste protection de Dieu ! voilà les vaisseaux de toutes les nations prêts à franchir pour la première fois ce seuil qui fait de l'Orient et de l'Occident un seul et même monde; la barrière est abaissée; un des ennemis les plus formidables de l'homme et de la civilisation, l'espace, perd en un seul instant deux mille lieues de son empire. Les deux extrémités du globe se rapprochent; en se rapprochant, elles se reconnaissent; en se reconnaissant, tous les hommes, enfants d'un seul et même Dieu, éprouvent le tressaillement joyeux de leur mutuelle fraternité!

O Occident! ô Orient! rapprochez, regardez, reconnaissez, saluez, étreignez-vous! Salut à toi, d'abord, splendide Orient, d'où à chaque aurore nous vient la lumière qui fait les jours de notre vie mortelle; de toi aussi, ô Orient, nous vint dès l'aurore des siècles la lumière des intelligences, et plus radieusement que tout, la lumière des âmes, présage du jour qui ne doit jamais finir. Salut à toi, merveilleux Occident, qui, après avoir reçu la double lumière, t'es efforcé et t'efforces tous les jours, et spécialement à l'heure où je vous parle, à en faire le patrimoine commun de toute l'humanité. Ah! que de l'Orient à l'Occident on se le dise : la grande voie des nations est ouverte! l'océan Indien et la mer Rouge ne sont désormais qu'un seul et même flot. L'histoire du monde a atteint une de ses plus glorieuses étapes, et comme la chronologie du passé se divise en siècles qui ont précédé ou suivi la découverte de l'Amérique, la chronologie de l'avenir dira : ce fut avant ou après le jour où l'Occident et l'Orient se rencontrèrent à travers les flancs entr'ouverts de l'Égypte, ce fut avant ou après le 16 novembre 1869, ce fut avant ou après l'ouverture du canal universel maritime de Suez.

« Et peut-être y a-t-il encore plus ici que la

découverte d'un nouveau monde, puisqu'il y a l'union de deux mondes déjà connus en un seul!

« Assurément, ce qui frappe d'abord, c'est la grandeur physique ou matérielle de cette œuvre, si audacieusement rêvée, si merveilleusement conçue, si persévéramment exécutée, et enfin si prodigieusement achevée. Mais derrière le phénomène matériel, le regard du penseur découvre des horizons plus vastes que les espaces mesurables, les horizons sans bornes où se meuvent les plus hautes destinées, les plus glorieuses conquêtes, les plus immortelles certitudes du genre humain! Voilà que les vaisseaux du monde peuvent voguer en droite ligne de l'Indo-Chine jusqu'au cœur de l'Occident européen. Que porteront-ils, ces hardis messagers auxquels le génie a donné la vapeur et auxquels la vapeur a donné des ailes? Ils porteront avant tout les richesses mercantiles des nations, qui, par leurs échanges mutuels, manifesteront désormais plus hautement encore que par le passé une des lois les plus admirables du Créateur. Dieu, en effet, en donnant aux hommes partout des besoins identiques, mais en répartissant inégalement entre les divers pays les richesses de la création, Dieu a voulu rendre les nations tributaires les unes des autres. Les hommes de tout sang, de tout pays et de toute croyance, que je vois ici devant moi, sont non-seulement des frères par leur commune origine, ils sont encore des associés par leur commun intérêt. Encore une fois, c'est Dieu qui a fait cela, en créant les hommes avec des besoins identiques, et les terres avec les produits les plus variés. Honneur donc à cette grande force, qui enserre le monde dans une chaîne providentielle de travail et de prospérité, et qui s'appelle le commerce. Le commerce est plus qu'une force, il est une gloire ; il est plus et mieux qu'une gloire, il est un bienfait ; car le commerce ne se borne pas à créer la richesse : il contribue aussi, et puissamment, à créer cette grande merveille, objectif passionné, où tendent les hommes : la civilisation !

« Oui, la civilisation ! C'est elle qui célèbre aujourd'hui une des plus grandes dates que jamais il lui ait été donné d'inscrire dans les fastes du genre humain. Partez de tous les ports du monde, navires de tous les peuples de la terre ! disparaissez dans l'immensité de l'horizon, emportant avec vous dans la profondeur de vos flancs les produits de toutes les terres et les ouvrages de tous les hommes. Pendant que, chargés de toutes ces cargaisons pesantes, vous sillonnez les mers, d'invisibles et mystérieux passagers, les idées, les mœurs, les coutumes, les langages divers, les sympathies mutuelles monteront à votre bord, navigueront de conserve avec vous, traverseront cet isthme si prodigieusement perforé et aborderont à tous les rivages où toucheront vos vaisseaux; et ainsi tout homme qui a donné un coup de pioche au canal des deux mondes, alors même que cet homme n'eût voulu creuser qu'un passage merveilleux pour le commerce, ce travailleur, pionnier conscient ou inconscient de la Providence, a eu la gloire de donner un coup de pioche pour ouvrir la route magnifique où passeront désormais et à jamais la paix et la justice, la lumière et la vérité, c'est-à-dire, au sens le plus élevé, la véritable civilisation.

« Après avoir célébré la double grandeur et la signification essentiellement civilisatrice de cette œuvre incomparable, il nous reste un devoir à remplir. Il convient de rendre un hommage public et solennel, ici, sur cette plage, devant l'univers qui nous écoute et nous regarde, devant cette assemblée de tous les peuples représentés ici par leurs souverains, leurs princes, leurs ambassadeurs, leurs clergés et l'élite de tous les pays, devant l'histoire qui attend et qui s'apprête à écrire une de ses pages les plus pathétiques, il convient, dis-je, de rendre ici, en ce moment, un hommage éclatant à ceux qui furent, qui sont et qui seront désormais les triomphateurs de cette grande bataille pacifique, gagnée enfin au bénéfice du genre humain.

« Monseigneur le Khédive,

« A Votre Altesse appartient de plein droit notre première parole de gratitude.

« Veuillez recevoir, Monseigneur, l'expression de la respectueuse reconnaissance de tous les hommes de cœur qui, sur la terre, ont ardemment désiré l'achèvement de cette œuvre sans pareille dans l'histoire du monde. A travers des difficultés sans nombre, vous avez voulu persévéramment ce grand fait si éminemment civilisateur, et ce que vous avez persévéramment voulu, vous l'avez courageusement soutenu et enfin généreusement accompli. Jouissez aujourd'hui pleinement de votre glorieux succès. En ce moment, à cette grande heure de votre vie et de votre règne, l'Orient et l'Occident vous remercient par ma voix. L'Égypte, destinée à recueillir la première les fruits de ce grand labeur, vous appellera son régénérateur, et l'histoire réserve au khédive Ismaïl une page glorieuse et vraiment méritée.

« Permettez aussi à une bouche sacerdotale de vous remercier, en présence de vos illustres hôtes, de cette large liberté et de ces dons vraiment royaux accordés au Christianisme, à son culte et ses œuvres, à ses institutions et ses écoles, sur cette terre des Pharaons, qui fut jadis la terre de toutes les servitudes et qui tend à devenir, aujourd'hui, la terre de toutes les libertés. C'est à Votre Altesse qu'est due cette généreuse transformation. La solennité de ce jour ne dit-elle pas, plus éloquemment que tout discours, l'immensité de chemin parcourue? Pour la première fois depuis douze siècles, la foi chrétienne peut élever, en face du croissant, à ciel ouvert, sa voix pour prier et ses mains pour bénir. C'est là assurément un grand fait et une grande heure. Merci, Monseigneur, d'avoir voulu ce fait, d'avoir fait sonner cette heure; merci, d'un cœur ému, au nom du Christianisme; merci, au nom de la France, au nom de l'Europe; merci au nom de toute l'humanité, dont les destinées font un grand pas en ce moment, grâce à Votre Altesse, qui veut le bien, et grâce à Dieu qui le bénit. »

« Madame,

« Ceux qui ont coopéré d'une manière intime à ce grand travail, connaissent la part que Votre Majesté y a prise; cette part est immense : il sied bien à votre âme virile de faire les plus grandes choses en silence ; mais il ne saurait nous convenir de nous rendre complices de ce silence, qui tendrait à fausser l'histoire et à frustrer la postérité. Il importe que l'histoire sache que cette grande œuvre, pour une part immense est la vôtre, et l'histoire, en le disant, dira rigoureusement la vérité. L'histoire ajoutera, Madame, qu'en prêtant votre puissant appui au canal des deux mondes, vous avez été dans la plus étroite communion de pensées et de sympathies avec la France entière, qui a voulu cette œuvre ; avec cette généreuse et noble France, qui, dans toutes les classes sociales, s'est enthousiasmée pour le percement de l'isthme de Suez, a fourni ses millions et ses bras, son intelligence et son énergie, ses ingénieurs et ses travailleurs, son personnel et son matériel; avec cette France enfin, qui s'est pour ainsi dire personnifiée dans un de ses fils, providentiellement doué pour cette tâche prodigieuse par sa persuasive et familière éloquence, sa fougue impétueuse, son invincible ténacité, la force et la douceur, une habileté consommée, et une loyauté vraiment chevaleresque; en un mot par la foi pour ainsi dire surhumaine dans l'accomplissement de cette œuvre gigantesque, risée du monde avant d'être devenue aujourd'hui l'objet de ses plus enthousiastes admirations. Maintenant que l'incroyable est devenu réalité, que la prétendue chimère est là, splendide et achevée devant notre œil ravi, en ce moment que doit-il se passer dans l'âme de celui qui fut l'âme de tout ce que nous voyons? Dieu seul le sait. Il me semble que dans ses yeux je vois briller des larmes; je voudrais pouvoir les recueillir, car elles appartiennent d'abord à la France, et puis à l'humanité. Proclamons-le bien haut : le nom de cet homme appartient désormais à l'histoire, où par un rare privilége de la Providence il entre vivant; proclamons devant toute la terre que la France qui est loin, mais qui n'est pas absente, est contente et fière de son fils; proclamons enfin que jusqu'à l'extrême déclin des âges, de même que le nouveau monde découvert au xve siècle dira à jamais, à l'oreille de toute postérité, le nom de l'homme de génie qui s'appelle

Christophe Colomb, de même ce canal des deux mondes redira à jamais le nom d'un homme qui vécut au XIXe siècle, ce nom que je suis heureux de jeter sur cette plage aux quatre vents du ciel, le nom de Ferdinand de Lesseps !

« Nous ne pouvons prononcer ici en ce moment tous les noms qui mériteraient, avec le sien, de retentir dans cette solennité ; mais gardons-nous d'oublier ceux qui, illustres ou obscurs, ont péri au champ d'honneur du travail ; donnons aujourd'hui, que le jour du triomphe est levé, un souvenir reconnaissant et attendri à toutes ces tombes, chères à la fois à leur patrie respective et à toute l'humanité. Nos regrets ne sauraient froisser aucune susceptibilité nationale, car tous les peuples du globe comptent des victimes parmi nos chers morts, qui n'ont vaincu d'autres ennemis que les espaces et les flots, les déserts et la barbarie.

« Et maintenant, qu'il nous soit permis, avant de terminer, de remercier tous ces illustres hôtes, qui ont bien voulu nous apporter ici l'honneur et la joie de leur présence.

« Sire,

« Votre Majesté apostolique a donné à cette grande œuvre un témoignage d'insigne sympathie, en arrêtant ici vos pas au moment où l'Adriatique, qui baigne votre empire, et la mer Rouge, deviennent un grand fleuve aboutissant à l'Océan indien. Daigne le Dieu que vous venez d'adorer publiquement en vous agenouillant sur le tombeau du Sauveur du monde, répandre ses bénédictions sur votre personne, sur votre dynastie et sur le grand empire qu'il a daigné confier à votre sollicitude.

« Puissent toutes les nations, dont les princes et les ambassadeurs illustrent ce grand jour de leur présence, prospérer dans la concorde et dans la paix, et puisse ainsi la grandeur de chaque peuple devenir la grandeur de tous et la durable pacification du genre humain.

« Et pour terminer dignement cette grande solennité, élevons nos pensées, non seulement de l'image des patries distinctes jusqu'à la grande humanité tout entière, mais par delà et au-dessus de l'humanité. Élevons nos âmes jusqu'à l'éternelle et adorable divinité, qui, dans sa bonté infinie, a permis à des hommes mortels de faire une œuvre aussi prodigieuse, sorte de création dans la création, puisqu'elle a fait de l'Afrique et de l'Asie deux continents dont Dieu est le créateur, dont l'immensité est la limite, et dont le canal des deux mondes est désormais la féconde et immortelle séparation.

« Dieu tout-puissant et éternel! Dieu créateur du monde et père de toute créature, bénissez cette voie nouvelle que vous avez permis à l'homme d'ouvrir au sein de votre création. Faites de ce fleuve, non-seulement la grande voie de la prospérité universelle, faites-en le chemin royal de la paix et de la justice, de la lumière et de la vérité éternelles. Que votre souffle divin plane sur ces eaux! qu'il y passe et repasse, de l'Occident à l'Orient, de l'Orient à l'Occident. O Dieu! servez-vous de cette voie pour rapprocher les hommes les uns des autres; mais rapprochez-les surtout de vous-même et soyez leur propice à tous dans le temps de l'éternité! »

Après la cérémonie, nous nous promenons en bande dans la ville toute *pavée de sable mouvant*, ce qui rend la circulation pénible. Puis nous retournons à bord pour nous reposer dans les douceurs d'un paisible fleurtage sur la dunette, éclairée par des milliers d'étoiles semées dans un ciel pur et les illuminations de tous les vaisseaux qui sont en rade.

Les lanternes vénitiennes et les verres de couleur forment des guirlandes de feu d'un effet magique.

En somme, la journée a été très-émouvante et nous laissera à tous un souvenir ineffaçable. Quand on pense qu'il y a quelques années à peine, Port-Saïd était le désert! et que c'est aujourd'hui une charmante cité, moitié industrielle, moitié pittoresque, pour ainsi dire sortie des eaux! Elle a été fondée en 1859 et déjà elle compte près de huit mille âmes. Le port est composé de quatre bassins et d'un chenal formé par deux jetées en blocs de béton; il est des plus sûrs et destiné dans l'avenir à avoir la plus grande importance. Le commerce de Port-Saïd s'accroît tous les jours et les navires qui traverseront l'isthme, y trouveront toutes les ressources des grands ports de la Méditerranée.

Mercredi 17 novembre. — Branle-bas général dès l'aurore. La *Guienne* ne passera pas dans le canal; il faut répartir les passagers entre le *Thabor* et le

Péluse. Le *Péluse* ou la mort! tous les amis y sont. On y arrive tant bien que mal, avec des prodiges d'intrigues, des cris et des mouvements qui laissent très-froid le valet de chambre de Verneaux. Enfin nous y voilà : on se compte, tous y sont. Nous avons avons eu bien de la peine à faire entrer Eustis et Mac-Call, mais on arrive toujours à ses fins *All's well, that ends well.* Louis de La Rochefoucauld et Pajol tombent du ciel; c'est un fouillis sans exemple sur le pont. J'y retrouve M. Béhic, ancien ministre des travaux publics, qui me parle de mon frère, son chef de cabinet, et nous voilà en bonnes relations.

Nous entrons sans encombre dans le canal; l'enthousiasme est à son comble, des cris de joie retentissent de toutes parts. Que c'est curieux, cette traversée des lacs Menzaleh, avec le mirage du désert à gauche et les milliers de flamands roses qui dessinent sur l'eau, à droite, de longues lignes colorées!

Le *Péluse* est un magnifique bateau, mais son hélice rend l'écriture impossible par sa trépidation, qu'augmente la lenteur de notre marche. Cette lenteur ne suffit pas encore; au moment d'entrer dans le lac

Timsah et le port d'Ismaïlia, crac! nous touchons, et nous voilà en plan, pendant qu'on tire à terre un feu d'artifice comme pour insulter à notre détresse. Tout le monde se met à l'œuvre; on attache des câbles, on tire, on fait un tapage horrible, et on finit, après cinq ou six heures de travail, par entrer dans le port vers minuit.

Jeudi 18 novembre. — C'est tout simplement féerique, cette petite ville d'Ismaïlia, improvisée en plein désert et regorgeant de monde de tous les pays. C'est un pêle-mêle d'habits et de turbans, de chameaux, d'ânes, de chevaux et de voitures, à nul autre pareil. Nous déjeunons au palais du gouvernement, où il y a banquet ouvert permanent aux frais du vice-roi. Il suffit de montrer son invitation et tout vous appartient. Nous organisons ensuite une cavalcade à âne et nous allons partout, riant comme des fous, croisant l'Impératrice, qui se promène tranquillement sur un dromadaire avec Mme de la Poëze, Mlles Marion et de Lermina. Je serre la main au prince J. Murat, à Clary et Heppe qui l'accompagnent (eux en voiture); puis nous assistons sur nos fidèles baudets au défilé des troupes et à la fantasia

FANTASIA DES ARABES.

des Bédouins. Quelques centaines de cavaliers, burnous au vent, maniant avec une merveilleuse adresse leurs chevaux vigoureux et agiles, agitent en l'air leurs longues carabines et font « parler la poudre. » Bien droits sur leurs étriers, ils se lancent dans la carrière avec la rapidité de l'éclair et exécutent de brillantes évolutions, au milieu des tourbillons de poussière et de la fumée des coups de feu. D'autres Arabes, debout sur de beaux dromadaires richement harnachés, prennent aussi leur part de ces exercices fantastiques et envoient à de grandes distances le *djerid,* sorte de javelot à pointe émoussée, qui s'en va rebondir sur les boucliers en peau de buffle. Les nombreuses détonations, les cris d'allégresse d'une foule enthousiasmée animent ce spectacle pittoresque et d'un coup d'œil amusant au possible.

Je rentre à bord m'habiller pour le bal. Ici une complication : notre position à bord du *Péluse* est irrégulière ; et M. Delessert nous engage à voir au bal M. Guichard, et à lui demander un petit bateau pour les membres du Jokey-Club, soit !

En attendant, nouvelle descente à terre. Puis le soir, à pied, en habit noir, cravate blanche, au milieu de la ville illuminée comme par enchantement, nous allons visiter sous leurs tentes tous les derviches, hurleurs et tourneurs.

Ils se livrent à des actes étranges, bizarres; les uns, tenant entre leurs dents un fer rouge ou un charbon ardent, tournent sur leurs talons avec une effrayante rapidité; les autres s'agitent dans d'effroyables convulsions ou s'enfoncent dans les oreilles, la langue et d'autres parties du corps, des instruments acérés, jusqu'à ce qu'ils succombent sous la fatigue ou la douleur; d'autres mangent des serpents vivants, des scorpions, des feuilles de cactus, etc.

Les exercices religieux des derviches consistent dans la récitation des *zikrs*. Assis ou debout, ils se placent les uns auprès des autres, de façon à former un cercle et chantent ou crient, *la ilaha, illalah*, jusqu'à ce que leurs forces soient épuisées; ils accompagnent leur chant de mouvements du corps, ils balancent la tête en avant, en arrière, de droite à gauche. L'un d'eux se place au centre en dansant avec une rapidité vertigineuse une sorte de valse à deux temps et ne s'arrête qu'en tombant épuisé, râlant de fatigue; il est immédiatement remplacé par un autre qui en fait autant, et ainsi de suite.

Passant ensuite parmi les curieux émerveillés et

sur lesquels de splendides feux de bengale projettent des lueurs bleues, rouges et vertes, nous arrivons au bal donné au palais du vice-roi, palais construit, meublé, entouré de jardins en fleurs, etc., tout cela en moins de six mois. Une foule chamarrée de décorations circule à grand'peine, de brillants uniformes se mêlent aux riches costumes des cheiks vêtus de grands cafetans avec des ceintures enrichies d'or et de pierres précieuses.

Trouver M. Guichard dans ces cinq ou six mille personnes semble plus difficile que de trouver l'Amérique dans une grande cuvette, comme l'a fait Christophe Colomb. Pourtant, après trois heures de coups de pieds et de coudes, Verneaux le découvre et lui présente notre requête. Très-poli, monsieur Guichard, mais peu rassurant! venez demain à huit heures avec vos bagages, on vous trouvera sans doute un bateau! Qu'y mangera-t-on? Dieu le sait? Où coucherez-vous? je l'ignore!

A une heure, le souper le plus beau, le plus magnifiquement servi, termine cette admirable fête. En voici le menu :

GRAND SOUPER

DONNÉ

A ISMAÏLIA

AU BAL DE L'INAUGURATION DU CANAL

DE

L'ISTHME DE SUEZ

LE 18 NOVEMBRE 1869

MENU

>—o—<

GRANDES PIÈCES

Poisson à la Réunion des deux Mers.
Roast-beef à l'Anglaise.
Galantine de Dinde à la Périgueux, sur socle.
Jambon historié.   id.
Grand pain de Gibier en bastion.   id.
Galantine de Faisans à la Volière. id.

ENTRÉES

Pâtés de Gibier à la Dorsay.
Langues de Bœuf à l'Anglaise.
Aspics de Nérac.
Galantine de Cailles en Belle-Vue.
Filets à l'Impériale.

SALADES

Crevettes de Suez au cresson.
Truffes au Vin de Champagne.
Salade russe.
Asperges d'Italie à l'huile vierge.

ROTIS

Cuissot de Chevreuil à la Saint-Hubert.
Dindonneaux truffés.
Faisans au cresson.
Chapons garnis de Cailles.

ENTREMETS

Macédoines au Kirschwasser.
Pudding diplomate à l'Ananas.
Biscuits de Savoie décorés.
Napolitain historié.

GLACES — PIÈCES MONTÉES

DESSERT ASSORTI

Vendredi 19 novembre. — Je rentre après le bal, sur le *Péluse*, que je quitte avec Villeneuve, à six heures du matin. Une mauvaise barque arabe nous conduit à Ismaïlia. Là, nous allons chez M. Guichard, qui se met en quatre pour nous être agréable; il a organisé pendant la nuit le départ de trois petits bateaux à vapeur pour les invités non casés. Il nous accompagne sur le quai et nous fait embarquer sur l'*Héléna*, jolie mouche toute neuve, qui porte le nom de la fiancée de M. de Lesseps, Mlle de Bragard.

Nous partons vers dix heures pour Suez, où nous arriverons le même jour, la veille de l'entrée de la flottille des souverains, qui mouillera la nuit aux lacs Amers. La journée est charmante, et sans un petit ensablement de vingt minutes environ, tout se passe fort bien. Le ciel est d'un bleu pur, les rives du canal ont une teinte jaunâtre qui, avec la couleur de l'eau, donne au paysage le caractère le plus oriental. Riou, que j'ai rencontré sur le *Péluse*, m'a donné un exemplaire de son *Voyage illustré au canal de Suez*, et j'en suis avec intérêt tous les sites et toutes les stations.

Il a terminé pour l'Impératrice un album splendide, composé de vingt-cinq aquarelles représentant les vues les plus remarquables du canal; il a dû le lui offrir à Ismaïlia.

A cinq heures, nous arrivons dans la rade de Suez et on nous conduit sur des bateaux des Messageries pour y trouver un gîte. Nous sommes presque tous dispersés, mais j'ai la chance de rester avec mes amis à bord de l'*Impératrice,* magnifique paquebot qui fait le service des Indes.

Samedi 20 novembre. — Nous sommes en prison pendant toute la journée, qui se passe tant bien que mal. D'abord nous assistons à l'arrivée de l'*Aigle* et des bateaux de l'empereur d'Autriche, du prince de Prusse, des princes des Pays-Bas... Encore des coups de canon pour saluer l'entrée des souverains, encore ce coup d'œil merveilleux des équipages alignés sur les vergues à leur place de bataille. C'est splendide! La rade est magnifique, admirablement éclairée et encadrée au fond par des montagnes fort élevées et très-élégamment découpées. La mer Rouge est calme, et des milliers de petits poissons fourmillent autour du bateau.

Le comte Solahupp, littérateur russe des plus distingués, se fait présenter à nous et nous arrivons au soir sans nous douter de ce que nous ferons le lendemain. Pourtant il faut que nous soyons au Caire pour le grand bal donné aux souverains. L'Impératrice seule n'y sera pas; elle va visiter les sources de Moïse et reprendre l'*Aigle* pour retourner en France.

Après dîner, tout en fumant, nous causons de tout et de rien, mais principalement du canal de Suez, sur lequel M. Guichard, charmant homme, fort obligeant et l'un des zélés directeurs de la compagnie, me donne de précieux renseignements.

Le percement de l'isthme de Suez est la plus grande œuvre du siècle, et l'on doit rendre une justice éclatante à M. de Lesseps, qui a su mener à bonne fin une aussi vaste et si belle entreprise.

L'idée n'était pas neuve et déjà on avait tenté de relier la mer Rouge à la Méditerranée par des canaux : celui de Nécos et Darius recreusé et élargi par Ptolémée vers 320 avant J.-C.; plus tard, celui de Trajan. Mais la découverte du cap de Bonne-Espérance a fait changer la route, et la voie de transit par l'Égypte est abandonnée.

Bonaparte, pendant son expédition, avait fait étudier le percement de l'isthme de Suez.

Malheureusement cette campagne, commencée

sous de si bons auspices, n'eut pas tout le résultat qu'on aurait pu espérer, et la France fut obligée d'abandonner cette magnifique conquête.

Enfin M. de Lesseps, avec son infatigable énergie, entreprend les travaux dont la réussite assurée aujourd'hui, fera de son nom un nom immortel. Il triomphe des obstacles matériels, des difficultés suscitées par l'indifférence des uns, le scepticisme des autres, le mauvais vouloir de ceux-ci, l'avarice de ceux-là. Le vice-roi aide de toutes ses forces à l'achèvement d'une œuvre qui illustrera son règne; il donne en argent plus de 250 millions; il prête le concours de 30 mille fellahs et organise des fêtes somptueuses pour l'inauguration du canal maritime. Jamais aucune hospitalité de souverain ne pourra se comparer à la sienne et, grâce aux nombreuses invitations lancées dans le monde entier, l'ouverture du canal aura le retentissement qu'elle mérite.

Le canal, de 160 kilomètres de longueur, de 100 mètres en moyenne de largeur à la surface de l'eau, de 22 mètres de plafond et de 7 à 8 mètres de profondeur, commence à Port-Saïd, traverse les lacs Menzaleh, passe devant Kantara, où il coupe la route des caravanes se rendant d'Afrique en Asie, arrive au lac Timsah, sur le bord duquel est bâtie la jolie ville d'Ismaïlia, puis traverse les lacs Amers et aboutit à Suez dans la mer Rouge.

La ville d'Ismaïlia est toute nouvelle et construite à l'européenne, avec de vastes rues, d'élégantes constructions, le palais du gouverneur, celui du vice-roi, les chalets de MM. de Lesseps, Guichard, Voisin Bey, etc.; elle est au milieu du canal maritime et baignée par les eaux des deux mers; elle a ses débouchés par la Méditerranée et la mer Rouge, et de plus elle communique au Nil par le canal d'eau douce; son avenir commercial est assuré.

Suez, à l'extrémité du canal avec ses nouveaux ports, ses vastes bassins, son chemin de fer qui mène au Caire, a pris et prendra encore une importance considérable. Le canal de Suez, les dépenses de 20 millions faites par le vice-roi, lui rendront son ancienne prospérité, détruite par la découverte du cap.

Les frais des travaux du percement, auxquels ont puissamment contribué les dragues de MM. Borel et Lavalley, les grands couloirs et les appareils élévateurs, se sont élevés à 451,656,661 fr. 10, dont l'Égypte a fourni plus de la moitié.

Les navires peuvent marcher dans le canal à raison

de 10 kilomètres à l'heure sans détériorer les berges par le clapotement de la vague formée par le sillage.

L'achèvement entier du canal, soit pour le creuser, soit pour l'élargir, coûterait environ 50 millions, et l'entretien annuel pour déblayer les ensablements, réparer les berges, etc., demanderait 2 millions.

La distance des ports d'Europe ou d'Amérique aux mers d'Asie est raccourcie de trois mille lieues : c'est la diminution du fret, l'augmentation de la fortune publique par le renouvellement facile du capital. La marine à vapeur surtout y trouvera des avantages énormes, la marine à voile courant des dangers dans la navigation de la mer Rouge, à cause de son peu de largeur.

Dimanche 21 novembre. — A huit heures du matin, nous nous embarquons pour aller à la gare de Suez. Après une heure et demie d'une navigation qui ne laisse pas que de nous mettre en rage, à cause de sa lenteur, nous arrivons au chemin de fer, où nous retrouvons nos amis du *Péluse*. Nous avons manqué le premier train et nous n'avons en tout et pour tout que des wagons à quarante places ou de troisième classe, pour nous conduire au Caire. Il faut s'empiler, bien heureux encore de pouvoir partir. Nous traversons le désert, le vrai désert, le ciel et le sable, jusqu'à Zagazig, où nous faisons le coup de poing pour dîner debout et mal ; mais à la guerre comme à la guerre. Nous repartons ensuite, et un peu après Zagazig, nous jouissons d'un splendide coucher de soleil au milieu de la plus riche et la plus verdoyante campagne. C'est une vraie oasis, et j'admire ces magnifiques palmiers dont les têtes élevées retombent en rameaux souples et gracieux. Puis la nuit vient et l'arrivée au Caire avec tous les ennuis des bagages et le tohu-bohu général des voyageurs. Chacun court à la recherche d'un gîte. Notre bande joyeuse est un peu dispersée : les uns à l'Hôtel Royal, les autres au New Hotel ; pour moi, j'avais mon appartement retenu longtemps d'avance par H. de Breteuil, au Shephard's Hotel, le meilleur et le mieux situé du Caire, sur la place de l'Esbekieh ; c'est donc là que je vais bien vite m'installer. J'y retrouve Mgr Bauër, avec lequel je suis heureux de renouveler connaissance. Il est fort aimable, me parle avec affection de tous ceux que j'aime et de tous nos amis communs.

Aller au bal après, c'est bien dur ; pourtant nous prenons notre courage à deux mains, et habillés de la façon la plus correcte, Eustis et moi, à âne, j'en ris encore, nous faisons notre entrée au Palais de Kars-el-Nil où a lieu la fête. L'avenue est étincelante de lumières ; des fellahs, avec des torches allumées, forment une haie vivante et illuminée au milieu de laquelle s'avancent les équipages, précédés de saïs qui font ouvrir la foule en criant de toutes leurs forces « Jallah ! Garda ! »

Le bal est splendide, les fleurs et les diamants y sont à profusion, tout le luxe de l'Orient s'étale dans les salons et les galeries, gracieusement ornés de palmiers et de plantes exotiques, et un magnifique souper est servi sans interruption jusqu'à la fin de la fête.

Lundi 22 novembre. — Courses données en l'honneur de l'empereur d'Autriche. L'hippodrome est situé dans le désert de l'Abbassieh, les chevaux galopent péniblement dans le sable ; deux dromadaires, ensuite quelques baudets, font le tour de la piste. Que nous sommes loin du bois de Boulogne !

Le soir, promenade à âne au milieu des illuminations féeriques de la ville, un vrai conte des Mille et une Nuits. On ne peut se figurer l'effet de cette foule bigarrée, de ces costumes voyants, de ces saïs courant avec des torches devant les voitures pour écarter le public. C'est un spectacle dont les plus beaux décors d'opéra ne peuvent même pas donner une idée.

Mardi, 23 novembre. — Grande excursion aux Pyramides, où nous allons nous faire contempler par les fameux quarante siècles. Partis du Caire à sept heures du matin, nous avons une heure de voiture environ pour arriver à Boulaq, où nous traversons le Nil en bateau, bêtes et gens pêle-mêle. Au bout de deux heures, nous arrivons à la grande Pyramide de Ghiseh, et telle est la transparence de l'atmosphère, la limpidité du jour, que nous nous croyons au pied, au moins une bonne heure avant d'y être arrivés. La masse de ces gigantesques monuments en fait quelque chose de saisissant. Une fois le premier mouvement d'étonnement passé, j'entreprends l'ascension de la plus élevée, près de 140 mètres de hauteur. Deux Arabes me poussent et me tirent sur les deux cent deux gradins superposés qui s'élèvent successivement en retraite et j'arrive tout à fait au sommet, complétement essoufflé. La vue qu'on embrasse du haut vaut-elle la fatigue de l'ascension? C'est d'un côté une plaine immense, bien cultivée, fertile, rendue pittoresque par les coupoles et minarets du Caire ; de l'autre côté le désert, le sable, le néant.

Mais il faut descendre, toujours par les mêmes moyens ; c'est pénible. Les Pyramides de Ghiseh, les plus célèbres et les plus considérables de l'Égypte, s'élèvent sur un plateau qui domine la plaine de Memphis, de manière que leur base est placée à environ 100 pieds au-dessus des plus fortes inondations du Nil. Elles sont construites sur un plan carré, parfaitement orientées ; chacun de leurs angles regarde un des quatre points cardinaux.

Leurs faces étaient revêtues extérieurement de dalles polies, bien appareillées et elles se terminaient soit en plate-forme, soit en pointe. Elles avaient plusieurs entrées, cachées dans l'épaisseur de la maçonnerie, et ouvrant sur des passages conduisant à des chambres ménagées dans l'intérieur de la pyramide ou taillées dans le roc. C'est dans une de ces pièces qu'était le sarcophage royal. Cette salle était précédée d'une sorte d'antichambre, où se trouvait le sarcophage de quelque personnage subalterne. Pas d'inscription ni de sculpture pour préciser l'âge et indiquer le nom des rois qui les ont fait élever. En résumé, les Pyramides sont des tombeaux massifs, pleins, fermés partout, sans ouvertures extérieures. Celles de Ghiseh sont les tombeaux de Chéops, Chephrem et Mycérinus.

Salut en passant au sphinx, dont la tête seule a été sculptée dans un énorme rocher naturel; et puis à âne pour retourner au Caire. La journée a été excellente et nous en sommes à ce degré de fatigue qui fait trouver si bons l'arrivée au gîte, le calme de la soirée, l'heure du dîner, le dîner lui-même et le sommeil qui vient ensuite.

II

LE CAIRE — LES MOSQUÉES — LES BAZARS

LE RAMADAN

EXCURSIONS DANS LES ENVIRONS DU CAIRE

II.

Du 24 novembre au 19 décembre.

Voilà bien près d'un mois que je suis au Caire, mais là, vraiment, je ne le regrette pas, je n'y ai pas éprouvé un seul instant d'ennui. Quelle bonne existence ! Le matin, chasse dans les environs; je tire force ibis, vanneaux, buses, vautours. Dans la journée, je cours les bazars, je visite la vieille ville du Caire, les mosquées, tombeaux et nécropoles, etc... A quatre heures promenade en voiture dans la magnifique avenue de Choubrah, ombragée par des sycomores et des ébéniers d'une grosseur énorme, et où tous les élégants se donnent rendez-vous. Enfin, le soir, opéra italien, théâtre français, ou bien bals et concerts donnés par le vice-roi.

C'est un homme aimable, le Khédive, et son hospitalité est grande et princière !

J'ai eu l'honneur de lui être présenté le dimanche 28 novembre, avec mes camarades du Jockey-Club, Verneaux, Mac-Call, Villeneuve, Corbin, la Panouze. Il nous a accueillis à merveille, nous a fait apporter des chibouks garnis de bouquins en ambre enrichis de diamants, et du café dans des tasses turques fort belles. Il a été très-gracieux, causeur, gai et spirituel, s'exprimant en bon français et très-sensible à ce que nous lui disions « que le Caire nous faisait oublier Paris. » C'est un esprit observateur, doué de pénétration et particulièrement appliqué aux affaires : il l'a bien prouvé du reste. Sa fortune personnelle, s'élevant au commencement de son règne à sept millions, est maintenant de cent vingt millions de revenu. Il est fier des succès obtenus par la grande entreprise de M. F. de Lesseps.

Le 1er décembre, dîner avec MM. Duruy, Théophile Gautier, le comte Solahupp, etc...., chez Son Excellence Nubar Pacha, ministre des affaires étrangères. Je lui avais porté la veille une lettre de

AVENUE DE CHOUBRAH.

Duperré, aide de camp du Prince Impérial, et il m'avait reçu, ainsi que Mme Nubar, avec une affabilité dont je garderai le meilleur souvenir.

Le 2 décembre, visite à la mosquée d'El-Azar qui sert d'école, au Caire, et où de toutes les parties de l'Égypte on envoie des enfants qui reçoivent gratuitement une certaine instruction. On y fait douze cours sur la religion, la jurisprudence, les sciences, la littérature. Soliman, l'assassin de Kléber, y avait passé plusieurs jours pour réchauffer son fanatisme.

La civilisation de l'Égypte, arrivée à son apogée il y a quelques siècles, et qui avait ensuite disparu, tend à revenir tous les jours. L'étude du musée de Boulaq est bien curieuse à ce point de vue. Tout ce que nous avons aujourd'hui, les Pharaons le possédaient autrefois : bijoux splendides, statuettes de bronze, joujoux en or, etc.; hameçons, tels que l'Irlande les fabrique maintenant, etc., etc., il y a de tout; nous n'avons rien inventé, seulement nous sommes passés maîtres. Pourtant la statue en bois classée sous le n° 492 est un chef-d'œuvre de formes et de proportions. Elle représente un personnage debout, de 1^m,10 de hauteur; sa chevelure est courte, ses hanches couvertes d'une jupe assez longue ramenée par devant en plis bouffants, le reste du corps est nu, sa tête est saisissante de vérité; elle remonte à six mille ans environ. Du reste, l'Égypte est en pleine voie de progrès; l'agriculture, l'industrie et le commerce y prennent un développement de plus en plus grand. Outre les blés et le riz, le coton et la canne à sucre y viennent avec une merveilleuse abondance, et le beau travail du barrage du Nil au-dessous du Caire, avec les canaux d'irrigation pour amener partout les eaux du fleuve, diminuer leur rapidité, les faire séjourner plus longtemps et étendre l'inondation qui laisse partout un limon fertile, fera du delta la contrée la plus riche du monde. Son Excellence Nubar Pacha m'a dit que l'ambition de Son Altesse Royale le Khédive était de rendre l'Égypte le pays le plus agricole et le plus commerçant du monde entier.

L'établissement des lignes de chemins de fer, la création de nombreuses usines pour la fabrication du sucre, le développement donné à la culture du coton, tout cela, dû à la puissante volonté du vice-roi, contribuera largement à ce résultat si enviable. La couleur locale y perdra sans doute, mais aussi que d'avantages pour la fortune publique, l'amélioration du sort des fellahs et la richesse de tous!

Maintenant je connais assez bien le Caire pour essayer de résumer mes impressions. C'est une ville toute orientale; des maisons à toits plats, des constructions de formes irrégulières et tout à fait fantastiques y rappellent souvent les descriptions des Mille et une Nuits, surtout le soir, aux illuminations. Quand on la contemple du haut de la citadelle, avec ses maisons peintes, ses palais blancs, ses dômes aux formes élancées, elle présente un aspect saisissant. L'intérieur de la ville est très-irrégulier, les rues, ou plutôt les ruelles, sont étroites, sinueuses et remplies de poussière. Beaucoup de maisons sont délabrées, les rues sont obscures à cause des toiles que l'on tend entre les maisons pour garantir du soleil. Les principales sont bordées d'une double rangée de boutiques et très-animées. On y rencontre des Arabes, des Nègres, des Fellahs, des Grecs, des Européens. Les ânes se croisent avec les chameaux, les chiens aboient, les âniers crient, les saïs qui courent devant les voitures en font autant. Tout cela forme un spectacle d'une variété toujours nouvelle.

La façade des maisons est presque toujours peinte

et bariolée de grandes bandes blanches et rouges. Elles ont, au rez-de-chaussée, et s'ouvrant sur une cour spacieuse, un salon appelé divan, garni de sofas, où sont reçus les étrangers. Les plafonds sont en bois peint et doré, les planchers tendus de tapis, les murs recouverts de stucs. La porte est au centre de la façade; elle est presque toujours peinte en rouge avec des bordures en blanc et des petits filets noirs. Les appartements des femmes, qui sont placés à l'étage supérieur et donnent sur la rue, sont munis de fenêtres grillées et garnies de vitraux coloriés avec des balcons très-finement découpés, les *moucharabys*.

Les palais sont disposés comme les maisons. Le vice-roi en possède plusieurs dont les plus jolis sont ceux de Ghezireh, Kars-el-Nil, tous les deux au bord du Nil, le *kiosque* de Choubra, ravissant avec son bassin entouré de quatre colonnades de marbre et où l'ancien pacha faisait baigner ses femmes, lui placé sur un petit îlot au milieu. Le jardin est charmant, rempli de fleurs de toutes espèces, surtout de superbes roses; il y vient des mandarines, comme des prunes en France. Un autre joli jardin est celui du Nilomètre, dans l'île de Rodah, au milieu du Nil, vis-à-vis de Boulaq. Le Nilomètre est une colonne graduée qui indique la hauteur des eaux du fleuve. C'était d'après la hauteur atteinte chaque année par le Nil qu'on fixait la cote des impôts; pour que l'année fut bonne, l'inondation devaient atteindre 16 coudées. Voilà pourquoi on représente le Nil entouré de seize petits enfants qui jouent autour de lui (statue placée aux Tuileries).

Les mosquées du Caire sont fort intéressantes à étudier; construites sous le règne des Amrou, Touloûn, Barkouh, Hassan, qui voulaient transmettre à jamais le souvenir de leur grandeur, elles raconteraient à elles seules l'histoire entière de l'Égypte musulmane. Malheureusement elles tombent plus ou moins en ruines, les murs sont croulants, les enceintes dévastées, et il serait à désirer que le gouvernement égyptien fît quelques sacrifices pour la conservation de monuments aussi anciens et aussi remarquables, dans lesquels on retrouve toutes les merveilles mauresques de Grenade et Cordoue.

Les anciennes mosquées sont précédées d'une vaste cour, *harem*, entourée de portiques ouverts à colonnades et arcades. Au milieu, une fontaine surmontée d'un dôme, destinée aux ablutions. La partie du bâtiment tournée vers la Mecque et qui forme un des petits côtés du harem, est la mosquée proprement dite. Au centre du mur qui regarde la Mecque, une niche très-ornée, appelée *mihrab*; près du sanctuaire le *mimber*, chaire à prêcher, élevée et surmontée de deux drapeaux. La tribune réservée au sultan est désignée par le mot *maksoura*. En avant du mihrab, il y a une autre tribune où l'iman prononce la prière et une plate-forme carrée et élevée, sur laquelle les crieurs répètent l'appel à la prière. A l'extérieur, les mosquées présentent de larges surfaces planes et percées de fenêtres ogivales. Les portes sont élevées, profondes et enrichies de petites niches en encorbellement; au centre s'élève une grande coupole. Parmi les parties accessoires des mosquées, les *minarets* sont celles qui contribuent le plus à leur donner une physionomie pittoresque. Ce sont des tours munies de balcons d'où les *mouezzins* appellent cinq fois par jour à la prière. Le plus souvent elles s'élèvent aux angles du harem. Ce sont à peu près là les dispositions générales des mosquées.

Les plus remarquables du Caire, celles du moins qui m'ont fait le plus d'impression, sont celles 1° d'*Amrou*, la plus ancienne d'Égypte. Elle remonte au temps d'Abd-el-Azig. Son harem présente deux rangs de portiques au midi et trois au nord, la nef est divisée en six galeries parallèles transversalement. Les colonnes des portiques sont au nombre de deux cent cinquante, elles ont environ 5 mètres de hauteur et leurs chapiteaux sont presque corinthiens. Les arcades qui s'élèvent au-dessus de ces colonnes sont en ogive et bâties en pierres de couleur très-bien appareillées.

2° La mosquée de *Touloûn*, même style que celle d'Amrou; elle date de 577 : elle présente un harem environné de trois portiques et un sanctuaire divisé en cinq longues nefs parallèles. Elle est tout entière en briques et les arcades sont aussi en ogives. Le minaret a ses rampes d'escalier en dehors du massif de la tour; la petite coupole qui couronne le minaret est surmontée, non pas d'un croissant, mais d'une barque en bronze dans laquelle on avait coutume de mettre du blé et de l'eau, pour servir de nourriture aux milans et aux autres oiseaux qui planent au-dessus de cet édifice.

3° La mosquée d'*El-Azhar*, dite des fleurs, achevée en 981, date de la fondation du Caire; elle est comme les autres précédée d'un harem; son sanctuaire est divisé en neuf rangs de nefs; les arcades sont formées d'arcs aigus. On compte dans cette mosquée trois cent quatre-vingts colonnes en marbre et porphyre, arrachées à des monuments antiques.

4° La mosquée de *Barkouck*.

5° Celle du sultan *Hassan*, 1356. C'est un des plus beaux édifices musulmans. A l'intérieur, une cour carrée sur chacune des faces de laquelle s'ouvre, par une gigantesque arcade ogivale, une vaste salle. On y voit de grandes inscriptions arabes, dessinées en bleu d'outre-mer, en or, en vert. Les murs et les parois sont incrustés de marbres de diverses nuances. Le travail des grillages, des portes, des fenêtres, révèle le style arabe traité avec la plus grande perfection : derrière le mihrab de cette mosquée, il y a une salle à dôme, servant de tombeau. On suspend d'ordinaire à la voûte des dômes de ce genre une multitude de lampes.

6° Celle de *Caïd Bey* peut passer pour un des modèles de l'architecture musulmane pendant la deuxième moitié du xve siècle. Elle est surchargée de tout le luxe de l'ornementation arabe.

Le nombre des édifices religieux au Caire est très-considérable. En outre des grandes mosquées, il y en a d'autres moins importantes. Ce sont des oratoires appelés *mesdjid*. Il y a aussi dans le vieux Caire (Fostatt) une chapelle copte, sur l'emplacement de laquelle la tradition raconte que la Vierge s'est cachée pendant sa fuite en Égypte.

Dans la citadelle, la mosquée de *Méhémet-Ali*, qui est en même temps le tombeau de son fondateur, est fort remarquable par ses élégants et hardis minarets, la majesté de son plan et le luxe de son ornementation intérieure.

La citadelle, à 95 mètres environ au-dessus du niveau des basses eaux du Nil, est intéressante à visiter.

C'était là que se trouvait le palais de Saladin ; c'est là encore que l'on voit le puits de Joseph et la fameuse tour d'où Emin-Bey se précipita à cheval, échappant par ce trait d'audace à la mort qui frappait derrière lui tous les mamelucks (1811).

On arrive à la citadelle par le Mouski, grande rue toute européenne, remplie de magasins anglais et français dans lesquels on retrouve des types bien connus de Paris, le coiffeur, le marchand de cigares de la Havane, façon grand hôtel, la modiste, etc.

En tournant à gauche, dans un dédale de rues sinueuses, étroites et discrètement sombres, on tombe en plein Orient. Le Khan-Kalil, le Gourieh, le Souk-el-Selah ont conservé toute leur originalité. Dans les cases, sont accroupis les marchands de toute espèce, avec une indolence sans égale. Ils n'ont pas l'air de vouloir vendre et il faut montrer les dents pour leur faire sortir de leurs boutiques souvent de fort belles choses; ils vous les font des prix fous, qu'on a soin de diminuer au moins de moitié. La plupart du temps, ils vous laissent l'objet que vous marchandez, quelquefois ils vous répondent avec dignité « *Mafish!* » ou bien « *lâ, lâ!* » Souvent un marchand aimable vous offre une cigarette et une tasse de café, on accepte en le remerciant par gestes.

Les bazars sont divisés par spécialités : bazar des bijoux, bazar des armes, des tapis, des broderies, des pantoufles, etc., les rues des chaudronniers, des ferblantiers, des nattiers, des selliers, des marchands de fruits offrent aussi un vif intérêt. Le bazar des bijoux a cela de curieux qu'on y fabrique sur place tout ce que l'on y vend; le travail est du reste assez grossier, mais les orfèvres le comptent presque pour rien et c'est au poids de l'or que l'on achète boucles d'oreilles, bracelets, colliers, etc.

Le *Ramadan*, commencé au mois de décembre, n'est

UNE RUE DU BAZAR AU CAIRE.

autre chose qu'une sorte de carême, très-observé par les musulmans. Voici en quoi il consiste : Le matin, vers quatre heures, un coup de canon; c'est le signal qui annonce qu'on ne doit plus ni manger, ni boire, ni fumer jusqu'au coucher du soleil où un deuxième coup de canon lève la consigne. La règle est très-sévère et tous les gens de la religion la suivent scrupuleusement. Je ne sais même pas si regarder un palmier couvert de ses fruits ne serait pas une pensée criminelle. Je n'ai jamais vu, du reste, de gens aussi fanatiques que ces musulmans! On en rencontre n'importe à quelle heure du jour, n'importe à quel endroit, se prosternant dans la poussière, se jetant à genoux, élevant les bras au ciel, et poussant à grands cris leur *Allah Kerim!* Quand ils n'ont pas trouvé une flaque d'eau pour leurs ablutions, ils se servent de de sable : ceci ne manque jamais.

Que d'enterrements j'ai vus pendant mon séjour au Caire! Que de cris poussés par les pleureuses, *ololoulou! ololoulou!* que de larmes versées par elles! Le mort est dans une bière recouverte par un tapis qui laisse voir la saillie faite par les pieds; on l'enterre dans les nécropoles situées aux portes du Caire et à une profondeur relativement insignifiante. Les cimetières sont des plus curieux, avec les milliers de tombes indiquées par des massifs de pierres blanches maçonnées, portant à leurs extrémités deux petites colonnes. C'est un coup d'œil singulier et bizarre.

J'ai rencontré aussi quelques mariages avec leurs cortéges précédés d'une musique discordante, tambour de basque, triangle, flûtes, et quelques baptêmes (circoncision) où l'enfant entouré de fleurs est porté en triomphe au milieu des siens, qui l'accompagnent.

Je n'entrerai dans aucun détail sur toutes ces cérémonies, ni sur le système gouvernemental égyptien, ni sur la corvée, ni sur les fellahs. D'autres, beaucoup plus à même de le faire, ont publié d'intéressants documents, que je lis avec le plus grand plaisir et dans lesquels je retrouve souvent mes impressions personnelles. Tout le monde connaît le *Voyage en Égypte et en Nubie* de J.-J. Ampère, et le *Voyage en Orient* de Gérard de Nerval; tout le monde a lu le *Fellah*, ce charmant livre de notre plus spirituel écrivain, Edmond About.

Tout en chassant, je voyais aussi l'arbre de la Vierge, magnifique sycomore, où la Sainte Famille avait trouvé un abri pendant la poursuite d'Hérode. L'arbre, dit-on, s'était ouvert en deux, avait laissé pénétrer la Sainte Vierge, et l'ouverture avait été fermée par une énorme toile d'araignée..... Puis la colonne d'Héliopolis, en granit rose, avec les éternelles inscriptions hiéroglyphiques, ibis, aiglons. C'est là que dix mille Français, sous le commandement de Kléber, battirent une armée de soixante-dix mille hommes. Belle journée, s'il en fut jamais ! et pendant laquelle Kléber se vengea noblement du refus qu'on faisait aux Français de les laisser quitter l'Égypte avec les honneurs de la guerre.

Merveilleuse campagne, en vérité ; que cette campagne d'Égypte, si brillante au début, si triste au dénoûment ! Expédition à jamais mémorable, et qui aurait eu l'approbation universelle, si elle avait été suivie de ce qui justifie toutes les témérités, le succès. Pourtant, c'est par nous que la civilisation occidentale a été introduite en Égypte pour y rester désormais et y faire chaque jour de grands progrès. Que de souvenirs évoqués par toute cette contrée, rendue plus célèbre encore par les brillants faits d'armes d'une armée héroïque, mal pourvue de vivres, privée d'eau et éprouvée souvent par la cruelle déception du mirage ! Bonaparte, Desaix, Kléber ! noms que tout Français doit prononcer avec orgueil, honneur à vous ! Vous faites vibrer en moi la fibre du patriotisme ; vous me rappelez loin de mon pays toute sa gloire militaire!

Les fêtes continuaient encore et de plus belle.

Le 2 décembre, concert donné au palais de Kars-el-Nil, pour Mme Ferdinand de Lesseps, qui vient d'être présentée à la cour. Sa belle-fille, Mme Charles de Lesseps, partage avec elle les honneurs de la soirée; toutes les deux sont placées à côté de Son Altesse Royale le Khédive.

Quelques-uns des premiers artistes de l'Opéra italien se font entendre dans des morceaux d'une parfaite exécution. Mme Lagrua, Mlles Vitali & Groffi, MM. Naudin et Bulterini sont fort applaudis, et Vivier, dont le talent est d'ailleurs bien connu, est rappelé pour jouer une seconde fois la *Plainte*, duo dans lequel le cor accompagne la voix en produisant plusieurs sons à la fois.

CONCERT

DU 2 DÉCEMBRE 1869

PROGRAMME

OUVERTURE DE FRA DIAVOLO.   AUBER.

TRIO DES LOMBARDS (au piano).   VERDI.
    Par Mme LAGRUA, MM. BULTERINI et ROSSI GALLI.

VALSE DELLA GUARDIA.   GODEFROY.
    Par Mlle GROSSI.

DUO DE POLIUTO.   VIVIER.
    Par Mme LAGRUA et M. BULTERINI.

LA PLAINTE.   VIVIER.
    Duo pour voix et cor. (A la fin du morceau, le cor accompagne la voix en produisant plusieurs sons à la fois.)
    Par MM. NAUDIN et OLIVIER.

QUATUOR DE MARTHA.   DE FLOTTOW.
    Par Mlles VITALI, GROSSI, MM. BULTERINI et ROSSI GALLI.

LA ZINGARA (au piano).   DONIZETTI.
    Par Mme LAGRUA.

BOLERO DES VÊPRES (au piano).   VERDI.
    Par Mlle VITALI.

DUO I MARINARI (au piano).   ROSSINI.
    Par MM. NAUDIN et BOCCOLINI.

QUATUOR DE RIGOLETTO.   VERDI.
    Par Mlles VITALI, GROSSI, MM. NAUDIN et BOCCOLINI.

Le 12, grand bal pour le prince de Prusse, de retour de son voyage du Nil. Le 15, représentation de *Lucia* à l'Opéra ; très-grand succès, belle salle étincelante de lumières, toilettes élégantes. Le 16, nouveau concert offert au prince et à la princesse des Pays-Bas. J'ai eu l'honneur d'être présenté ce soir-là au prince Hussein-Pacha, deuxième fils du vice-roi, celui qui passe une partie de l'année à Paris pour y achever son éducation ; il est charmant et plein de distinction. La princesse des Pays-Bas portait un splendide diadème de diamants. Trois ou quatre femmes étaient très-remarquées, entre autres une Égyptienne ou Levantine, Mme Sacros, poudrée, blonde, d'une grande beauté, robe noire, plumes blanches dans les cheveux.

Le 17, je dînais pour la dernière fois chez Son Excellence Nubar Pacha, qui avait eu la bonté de m'engager souvent. J'y trouvais quelques grands personnages et aussi Saint-Maurice, Demergiani et cet original de Vivier qui, le soir, a prononcé un toast allemand, imité l'Anglais en visite et contrefait le mendiant grec.

Quel bon souvenir je garderai du Caire où j'avais eu, outre les jouissances du touriste, des amis parfaits, de très-bons compagnons. Quelques-uns malheureusement n'étaient restés que fort peu de temps en Égypte; d'autres faisaient le voyage du Nil avec Mgr Bauër; mais il m'en restait encore, entre autres Saint-Priest et Louis de La Rochefoucauld, ce dernier malheureusement bien malade de la poitrine, et venu en Égypte pour y rétablir sa santé. Dieu veuille que cela lui fasse du bien !

Avant de m'embarquer sur le Nil, je veux m'écrier comme un des personnages des *Mille et une Nuits :* « Qui n'a pas vu le Caire n'a rien vu. Son sol est d'or, son ciel est un prodige, ses femmes sont comme les vierges aux yeux noirs qui habitent le paradis. Et comment en serait-il autrement, puisque le Caire est la capitale du monde! »

Je dois dire seulement que je ne puis guère me prononcer sur les femmes du Caire. Celles que l'on rencontre le plus souvent, à âne, sont enveloppées du long manteau de soie noire, le *habbarah,* le visage couvert d'un voile épais, ne laissant voir que les yeux avivés par la teinture. D'autres qu'on aperçoit dans de splendides voitures bien attelées, précédées de leurs esclaves, suivies des eunuques du harem, à cheval, sont richement vêtues; mais elles aussi ne laissent entrevoir que de fort beaux yeux bordés de *kohel.* Quant à la fellahine, qui circule dans les rues, pieds nus, la cruche sur la tête, gracieusement drapée dans une simple tunique bleue de coton, elle est généralement svelte et bien faite ; mais sans délicatesse dans les traits et sans beaucoup d'expression, malgré la vivacité des yeux. Les pieds et les mains, teints avec une préparation de *henné* de couleur orange, sont presque toujours d'une grande perfection.

> La femme du Fellah passe muette et fière,
> D'un bracelet d'ivoire ornant son bras maigri,
> Traînant d'un pas royal, à travers la poussière,
> Le vêtement grossier cachant un corps flétri.
>
> (J.-J. Ampère.)

III

LE NIL — LA HAUTE-ÉGYPTE

III.

> Le Nil, c'est l'Océan; et la brise inconstante
> Nous pousse ou nous retient comme des mariniers
> Le Nil, c'est le désert; notre barque est la tente
> Qui voyage ou s'arrête à l'ombre des palmiers.
>
> (J.-J. Ampère.)

Le temps se passait bien au Caire, très-bien même! Mais nous avions à faire notre voyage du Nil et nous nous en occupions activement. Saint-Priest, La Rochefoucauld et Monstiers louaient une *dahabieh* toute neuve, qu'ils meublaient à leur gré et baptisaient la *Cocodette*. Le bateau leur était loué 10,000 francs pour deux mois, et leur drogman Mohamed se chargeait de la vie matérielle à raison de 25 francs par jour et par personne. Le vice-roi nous avait fait l'honneur, à plusieurs de mes amis et à moi, de mettre à notre disposition son yacht à vapeur, le *Zainet-el-Bayrin*, joli aviso sur lequel il avait traversé le canal de l'isthme de Suez, et nous devions partir depuis quelques jours déjà; puis S. A. étant obligée d'aller visiter ses provinces de la Haute-Égypte, nous pria de l'attendre pour remonter le fleuve en même temps qu'Elle. Enfin, le départ est décidé et le khédive organise à Saqqarah une fête royale, aussi splendide que celle qu'il avait offerte à l'Impératrice le mois précédent. Nous quittons donc le Caire le 19 au matin avec le vice-roi, le prince Hussein-Pacha, son gouverneur, le commandant vicomte de Castex, Sepher-Pacha, Riaz-Pacha, Ratim-Pacha, M. et Mme Zachmann, M. et Mme H. de Montault, M. et Mme de Ville, M. et Mme Sacros, M. et Mme Demergiani, Saint-Maurice, Mustapha-Bey, Ibrahim-Bey, MM. de Gaston, Marini, etc. Nous nous embarquons à *Boulaq*, sur le bateau salle à manger du vice-roi, tout orné de glaces, très-élégant de tentures, et nous y déjeunons princièrement. Toute la flottille, composée des bateaux sur lesquels chacun de nous a une charmante cabine, nous suit, et au bout de deux heures de navigation, nous arrivons à Bédréchyn, où nous attendent des ânes, des chevaux, des dromadaires. Pour la rareté du fait, je me hisse sur un beau dromadaire, celui, m'a-t-on dit, que montait Mlle de Lermina, au moment du voyage de l'Impératrice. Son pas est allongé, son galop charmant : le trot, je ne veux pas en parler; en somme, ce n'est ni trop désagréable, ni trop fatigant. Nous allons jusqu'à un bois de palmiers voir un reste de statue du grand Ramsès et nous revenons dîner à bord. Magnifique dîner, servi à la française; bonne chère, excellents vins. La soirée se passe gaiement : M. de Gaston fait des tours de cartes et Vivier nous fait passer en revue quelques jolies charges de son répertoire.

Lundi 20 décembre. — Départ pour Saqqarah. Cette fois, j'ai un cheval, buveur d'air s'il en fut, la tête au vent, le type de l'*emballeur*. Deux heures de galop, deux heures d'entrain et de gaieté pendant lesquelles nous sentions que l'air et l'espace étaient à nous, nous amènent à ces ruines fameuses, restes de la plus importante et la plus ancienne des nécropoles de Memphis. Au milieu de ce vaste ensemble, s'élève une pyramide à six degrés, singulièrement bâtie et que l'on appelle la Pyramide rayée de Saqqarah. Le déjeuner est servi dans la maison que Mariette-Bey s'est fait construire sur le terrain de ses fouilles, et puis on fait salon sous des tentes splendides, faites exprès en l'honneur de l'Impératrice et de l'empereur d'Autriche. Elles sont en soie écrue, et doublées, les unes de satin jaune, les autres de satin cerise; les meubles s'appareillent aux couleurs des tentes. Nous allons ensuite visiter les chambres souterraines où l'on plaçait les morts. Je m'y fais descendre par un puits de 40 mètres de profondeur, au moyen de cordes passées sous les bras, et là, armé d'une bougie, je cherche dans les momies pour y découvrir un souvenir quelconque à emporter; mais je ne remonte qu'une tête que je m'empresse d'abandonner; je n'apprécie que médiocrement ce genre d'antiquités. Le vice-roi fait tirer une loterie entre les douze femmes présentes à la fête, et trois d'entre elles gagnent chacune une momie intacte dans son sarcophage. On ouvre et on fouille les momies qui tombent en poussière, et les objets qu'on y trouve sont remis aux heureuses propriétaires. Rien de bien remarquable du reste; pas de bijoux précieux : quelques scarabées, des clefs du Nil, des divinités découpées dans des feuilles d'or.

Nous allons ensuite visiter le tombeau de Ti, récemment découvert dans les fouilles ordonnées par Son Altesse. A l'extérieur, la sculpture datant déjà de six mille ans, est d'un travail délicat, fini, mais cependant vigoureux; à l'intérieur, de belles peintures bien conservées, représentent quelques scènes relatives au défunt :

1° Tableaux où figure le personnage encore vivant : le défunt est chez lui, des femmes de la maison exécutent des danses, des musiciens jouent de leurs instruments, des chanteurs les accompagnent. — Le défunt chasse dans des marais; il est debout sur une barque de roseaux : d'une main il tient des appelants, de l'autre il lance sur les oiseaux aquatiques un bâton recourbé qui part en tournoyant. Dans l'eau sont blottis des hippopotames et des crocodiles; des serviteurs cherchent à les prendre. — Plus loin sont de délicieuses représentations de la vie des champs : des vaches traversent un gué, des veaux paissent dans une prairie, des serviteurs conduisent un troupeau de chèvres; on récolte le blé, on le forme en meule, on l'assemble en gerbes qu'on charge sur des ânes, etc.

2° Tableaux relatifs à la mort du défunt : le défunt, sur une barque, assiste au transport de sa propre momie.

3° Tableaux relatifs à l'apport des dons funéraires : des serviteurs apportent sur leurs têtes, sur leurs épaules, sur leurs mains étendues, des victuailles, des fleurs, des plateaux chargés, etc., etc. C'est surtout dans le tombeau de Phtah-Hotep que nous voyons aussi que les scènes de ce genre sont bien indiquées.

En résumé, les tombeaux de Saqqarah se composent d'un édifice extérieur recouvrant : 1° des chambres accessibles en tout temps, et le plus souvent décorées de tableaux; 2° un puits vertical (celui de Ti est incliné) caché à tous les yeux, au fond duquel gît la momie. C'est le caractère essentiel de toutes les tombes antiques qu'on trouve en Égypte.

A cinq heures nous visitons le Sérapéum, tout éclairé par d'immenses torches. L'édifice extérieur n'est plus aujourd'hui qu'un amas de sable et d'éclats de pierres bouleversées; mais nous descendons par un chemin en pente (autrefois une allée de sphinx) à la tombe souterraine. Là, sont les galeries funèbres où reposaient les Apis; elles sont illuminées avec d'innombrables lumières et le coup d'œil est féerique. On compte vingt-quatre sarcophages de granit dans toute l'étendue de la tombe : 2^m,30 de face sur 4 mètres de profondeur et une hauteur de 3^m,30 sont les dimensions de ces monolithes, qui ne pèsent pas moins de 65,000 kilogrammes.

Le soir, on tire un magnifique feu d'artifice. Le vice-roi m'appelle à côté de lui et me garde au moins une demi-heure, causant de tout fort aimablement et dans le meilleur français; puis, retour aux flambeaux, précédés par les saïs et les kawas de la cour. D'autres hommes à pied flanquent et suivent les cavaliers en agitant leurs torches; la cavalcade glisse sur la plaine obscure comme un long serpent de feu. C'est un spectacle merveilleux. Pour ma part, j'ai entre les jambes un des excellents chevaux du prince Hussein-Pacha, qu'il a eu la bonté de me faire monter, et je me sens heureux d'être au monde.

Mardi 21 décembre. — A dix heures, déjeuner d'adieux à ceux des invités qui retournent au Caire, et à midi nous partons pour la Haute-Égypte. Voici l'ordre et la marche de la flottille :

1° Le bateau du vice-roi, où il est seul avec Riaz-Pacha et son médecin Burguières-Bey. (Ce jour-là nous partons sur son bateau, où nous dînons avec lui.)

2° Le *Zainet-el-Bayrin*, notre yacht, sur lequel sont aussi Sepher-Pacha, M. Marini, savant ingénieur, qui va voir les sucreries de Son Altesse, le vicomte de Gaston, et Mustapha-Bey, aide de camp du khédive. Nous sommes bien installés dans des cabines tendues en étoffe de soie rouge; une salle à manger de dix ou douze personnes est à l'arrière, le salon est sur le pont; une tente grise nous préserve des ardeurs du soleil et le soir nous n'avons au-dessus de nous que le ciel bleu tout parsemé de brillantes étoiles. Nous avons à bord un cuisinier français et deux valets de pied pour le service de la table.

3° Le bateau de Mariette-Bey, qui vient faire le voyage; il a ses filles avec lui. C'est une bonne fortune pour nous; il connaît l'Égypte à fond et nous donnera les explications les plus intéressantes sur les monuments dont la plus grande partie a été découverte par lui. Edmond About, dans son charmant livre *le Fellah*, a fait de lui un portrait tellement bien peint, que je ne puis résister au plaisir de le citer :
« C'est un des hommes les plus complets qui soient au monde : savant comme un bénédictin, courageux

comme un zouave, patient comme un graveur en taille-douce, naïf et bon comme un enfant, quoiqu'il s'emporte à tout propos, malheureux comme on ne l'est guère et gai comme on ne l'est plus, brûlé à petit feu par le climat du tropique et tué plus cruellement encore dans les personnes qui lui sont chères, salarié petitement, presque pauvre dans un rang qui oblige, mal vu des fonctionnaires et du peuple, qui ne comprennent pas ce qu'il fait et considèrent la science comme une superfluité d'Europe, cramponné malgré tout à cette terre mystérieuse qu'il sonde depuis bientôt vingt ans pour lui arracher tous ses secrets, honnête et délicat jusqu'à s'en rendre ridicule, conservateur têtu de l'admirable musée qu'il a fait et qu'on ne visite guère, il honore la France, l'Égypte, l'humanité, et quand il sera mort de désespoir, on lui élèvera peut-être une statue. »

4° Un bateau pour les officiers de service, écuyers, aides de camp, etc.

5° Un bateau pour l'escorte et la musique d'un des régiments de la garde.

6° Un bateau pour la voiture et les chevaux du vice-roi.

Nous remontons le Nil jusqu'à la nuit. Nous

dépassons la dahabieh de Saint-Priest et La Rochefoucauld, avec lesquels nous échangeons quelques saluts amicaux. Notre journée se passe agréablement; nous dînons avec le vice-roi, et vers onze heures, nous retournons à bord du *Zainet-el-Bayrin*.

Mercredi 22 décembre. — Départ de bonne heure pour Minieh, où le vice-roi se rend par le chemin de fer. Vers neuf heures, pendant qu'on fait du charbon à Beni-Souef, je descends à terre avec mon fusil et je tue en un instant une masse de bécassines, plusieurs dominicains et une quantité d'alouettes. Je retrouve mes compagnons à la gare, où nous saluons le vice-roi, puis nous remontons à bord et naviguons jusqu'à la nuit. Tout l'équipage est égyptien, depuis le capitaine jusqu'au mousse ; le mécanicien est fellah comme les autres. Les eaux étant assez basses à la fin de décembre, nous avons deux pilotes, dont l'un manie le gouvernail, tandis que l'autre, debout à l'avant, sonde sans cesse le fleuve à l'aide d'une longue perche. Le courant est rapide. Le chenal se déplace chaque jour; il faut une grande vigilance pour éviter les dangers de l'échouage. Le pilote a des indices qui nous échappent : les oiseaux, la couleur de l'eau, la berge ; il interroge les paysans dans la campagne. Au coucher du soleil, on amarre le bateau jusqu'au lendemain.

Jeudi 23 décembre. — Un déjeuner arabe nous est servi au palais de Minieh, où le vice-roi nous prie de passer la journée. La cuisine nous paraît tout au moins bizarre ; mais maintenant nous savons ce que c'est que le *kébab*, petit morceau de mouton à la brochette, le *kufté* ou hachis en boulettes, le *pilaw*, composé de grains de riz, destiné à terminer le repas, le lait caillé aux confitures, etc. Le temps est splendide, la température excessivement agréable. Rien n'est beau comme le soleil, qui se couche pour ainsi dire dans un incendie. Cette teinte rougeâtre de l'horizon, ces tons chauds, ce ciel d'un bleu pâle très-pur, sont d'un effet merveilleux, mais bien difficile à rendre, même pour le pinceau le plus exercé.

Le soir, le dîner est fait par le cuisinier français du vice-roi, ce dont personne ne se plaint. Mon voisin de table est Ratim-Pacha, généralissime des troupes égyptiennes, qui a la bonté de répondre à toutes mes questions sur l'armée et son organisation. C'est à un Français, le colonel Sève, ancien aide de camp des maréchaux Ney et Grouchy, connu depuis en Égypte sous le nom de Soliman-Pacha, que revient tout l'honneur d'avoir formé une armée régulière en Égypte. Il a pu discipliner des Arabes, des fellahs, des nègres, et il a eu le grand mérite de vaincre les préjugés de race, en se faisant obéir par des populations ennemies de ses réformes militaires. Les troupes formées par lui ont pris Saint-Jean d'Acre et on peut ainsi apprécier les qualités militaires des troupes égyptiennes; elles se sont distinguées depuis en Crète et tout dernièrement encore au Mexique. L'instruction militaire est développée, les soldats savent généralement lire, manient bien leurs armes, font même l'escrime à la baïonnette et manœuvrent d'une façon correcte. Il y a une école militaire pour les jeunes gens qui se destinent à la carrière des armes.

Pendant le dîner, la musique qui fait partie de l'escorte du vice-roi, exécute de fort jolis morceaux pris un peu dans tous les répertoires : l'ouverture de la *Dame Blanche*, le quadrille de la *Grande-Duchesse*, des airs arabes entremêlés de chœurs. Puis nous faisons avec le khédive un modeste baccarat, pendant lequel Son Altesse se montre d'une humeur enjouée et d'une exquise affabilité.

Vendredi 24 décembre. — Nous déjeunons encore au palais, et après avoir fait nos adieux au vice-roi, qui va visiter ses sucreries et ses provinces, nous continuons notre voyage seulement avec Mariette-Bey. La journée se passe en navigation : les rives du fleuve sont vraiment très-pittoresques avec leurs innombrables palmiers, les villages en terre, les fellahs qui puisent de l'eau à l'aide de chadoufs et la font couler dans les champs qui sont aux bords du Nil. Le chadouf consiste en une énorme poche de cuir qui descend vide, remonte pleine et verse son contenu dans une rigole. Vers cinq heures, nous arrivons à Rhodah, où nous visitons la sucrerie fondée par le vice-roi, établissement superbe, dont toutes les machines ont été fournies par la maison Cail. Nous y retournons le soir après dîner et voyons les opérations successives par lesquelles on fait passer les cannes à sucre pour en avoir le suc, l'épurer, le façonner en pain, etc., tout, excepté le raffinement, qu'on ne fait pas encore en Égypte. Les pistons vont et viennent dans leurs cylindres et la bouillie noire se change devant nous en poudre blanchâtre. On nous dit qu'un hectare de bonne terre peut produire 3,600 kilos de sucre et 1,000 kilos de mélasse et que le vice-roi retire en moyenne dix millions de revenu de ses sucreries.

Samedi 25 décembre. — Jour de Noël. Nous allons de Rhodah à Menfalout, où, à notre arrivée, nous trouvons de beaux ânes pour circuler dans de très-jolis jardins de palmiers, rosiers et tamarins. Charmante promenade.

Dimanche 26 décembre. — De Menfalout à Siout, capitale de la Haute-Égypte. Nous y arrivons vers midi, enfourchons des ânes amenés pour nous, galopons dans une jolie avenue de trois kilomètres qui nous conduit à la ville placée sur une éminence au pied de la chaîne libyque, et courons les bazars, toujours à âne. Nous traversons les rues en cavalcade, visitons les grottes de je ne sais plus quoi ; encore de très-jolis jardins, encore une halte sous les palmiers. Les bazars de Siout sont très-vivants, on y travaille l'ivoire, les plumes d'autruche, la poudre d'or ; on y fabrique une quantité de poteries de toutes formes dont l'importation en Égypte se fait sur une grande échelle.

Lundi 27 décembre. — De Siout à Sohag.
La navigation est un peu monotone, mais quel

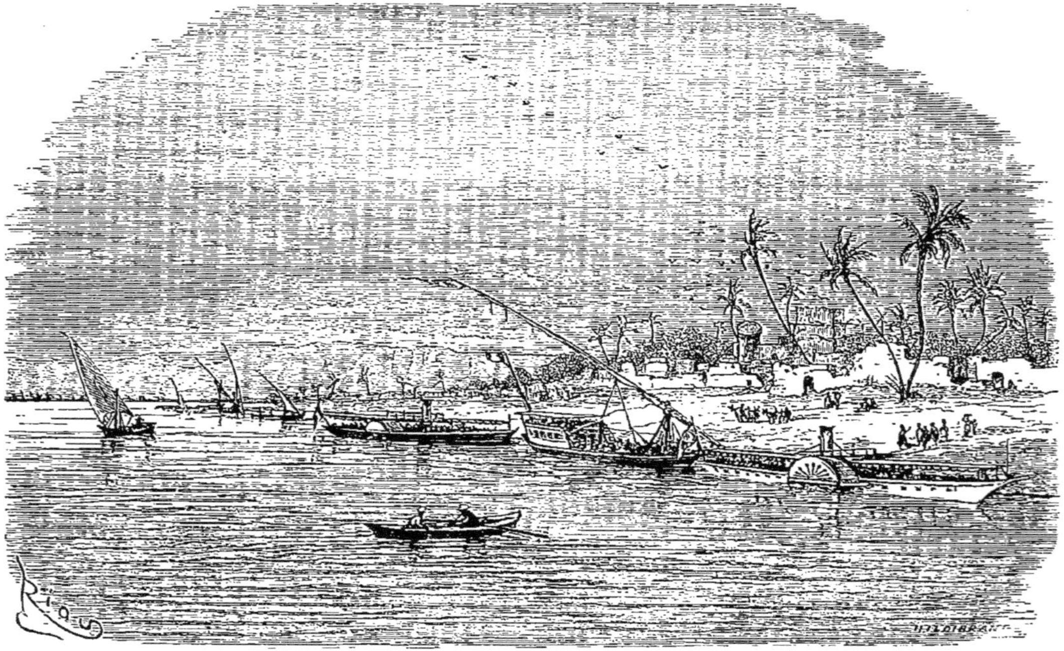

BORDS DU NIL A QÊNEH.

splendide fleuve que le Nil! A droite, c'est la plaine fertile, plantée de cannes à sucre, de coton, tandis qu'à gauche s'élèvent, comme un rempart blanchâtre, les montagnes de la chaîne arabique, percées de grottes funèbres et de vastes carrières. La lumière qui éclaire tout cela est la chose la plus remarquable du monde, et je ne puis me lasser d'admirer les teintes exceptionnelles du fleuve et des paysages environnants. Nos journées se passent agréablement : le matin, la douce flânerie sur le pont; à onze heures, le déjeuner, puis le cigare et la causerie. C'est alors que le regard rêveur trouve toujours quelque objet qui l'arrête : c'est une file de chameaux qui se dessinent sur l'horizon, c'est un couvent copte dans la solitude, ce sont quelques barques qui descendent ou traversent le Nil, c'est un village marqué par un bouquet de palmiers, ce sont des milliers de pigeons, de pélicans et d'oiseaux de toutes espèces que nous saluons au passage par des coups de fusil, tirés hors de portée. Le soir, on se sent doucement vivre sur le pont, pendant ces nuits transparentes où le ciel vous renvoie l'éclat de millions d'étoiles brillantes comme des diamants. Libre à qui le veut de laisser errer sa pensée dans un monde de souvenirs et d'espérances, où les regrets du passé et la perspective d'un souriant avenir viennent tour à tour captiver l'esprit. Heures délicieuses, pendant lesquelles l'âme reçoit avidement tout ce qui se présente, et s'arrête avec bonheur aux jouissances éparses sur le chemin de la vie !

Mardi 28 décembre. — De Sohag à Qeneh, où, le soir de notre arrivée, le consul de France, Bichara, Arabe archi-millionnaire qui ne dit pas un mot de français, nous donne une fête d'almées. Quatre des premiers sujets, aux sons d'une musique peu harmonieuse, s'avancent le ventre proéminent, la tête tendue en avant, puis se mettent à frétiller des hanches, du ventre, du torse entier sans quitter leurs places ; elles marchent ensuite en minaudant et en jouant du tambourin... Ces créatures, enveloppées de soie, couvertes de bijoux en sequins qui scintillent tout le long de leurs corps, sont fort peu jolies ; l'une d'elles pourtant, la célèbre Zénobie, est moins mal que les autres ; elle a les succès de la soirée. Mais pourquoi à près de mille lieues de l'Europe, trouvons-nous des meubles en velours d'Utrecht ? Pourquoi du vin de Champagne à une fête qui devrait être tout orientale ?

Malgré cette petite déception, notre soirée est amu-

DANSE D'ALMÉES AU CONSULAT DE FRANCE A QÉNEH.

sante, et nous sommes tous réunis riant, causant, et fumant l'inévitable chibouk. Nous avions fait trois kilomètres à travers champs pour arriver à la maison du consul, nous les recommençons gaiement au galop, accompagnés de nos saïs, qui nous éclairent avec des *fanous* ou *machallahs,* torches du pays faites avec des petites bûches de sapin flambant dans des espèces de cages à grilles supportées au bout de longues piques.

Mercredi 29 décembre. — De Qeneh à Louqsor La matinée est consacrée à visiter le temple de Denderah, ce que nous faisons avec d'autant plus de soin que Mariette-Bey nous donne les détails les plus intéressants sur toutes les parties du monument. C'est un des temples les mieux conservés et les plus importants de l'Égypte; il s'élève au centre d'une vaste enceinte qui a près d'un kilomètre en tous sens. Jésus-Christ vivait à Jérusalem pendant qu'on achevait de le bâtir. Je suis véritablement frappé de la profusion des tableaux et bas-reliefs dont il est couvert, presque toujours le même sujet : le roi fondateur se présente à une divinité du temple, récite devant elle une prière, accomplit un acte religieux; il agit comme le souverain pontife de la religion. Nous entrons dans la première salle, qui n'est qu'une sorte de façade monumentale, une espèce d'antichambre avec vingt-quatre énormes colonnes toutes sculptées et conservant encore aux chapiteaux des traces de peintures, puis dans le temple proprement dit, où tout est fermé, sombre, silencieux. C'est dans les chambres dont il se compose, que les prêtres s'assemblaient et faisaient les préparatifs des fêtes, qui consistaient surtout en processions circulant dans le temple, montant sur les terrasses et en redescendant. C'est là aussi qu'on préparait les offrandes et qu'on conservait les emblèmes, entre autres quatre barques consacrées aux divinités, des coffrets contenant les habillements destinés aux statues des dieux, etc. Nous montons ensuite au petit temple situé sur les terrasses. Sur les parois des escaliers qui y conduisent, on trouve représentés les détails des processions : le roi marche en tête, treize prêtres le suivent, portant les emblèmes des différents dieux, etc. Nous redescendons dans le temple et nous voyons la niche où le roi seul pouvait pénétrer et où l'on cachait un grand sistre d'or, l'emblème mystérieux du temple. Nous nous introduisons enfin dans les cryptes ou corridors secrets, longs et étroits, ménagés dans l'épaisseur des fondations et des murailles du temple. C'est là qu'on déposait les statues des divinités en or ou argent, en lapis, en bois, qu'on venait prendre à certains jours de fête pour les porter en cérémonie. Ordinairement les cryptes étaient si bien fermées par une pierre scellée et ne s'ouvrant que par un mécanisme, qu'on ne pouvait en soupçonner l'existence. Une odeur nauséabonde et des milliers de chauves-souris nous en font bien vite sortir, et nous retournons nous embarquer pour Louqsor, où nous arrivons le soir même.

La Rochefoucauld et Saint-Priest viennent dîner sur notre bateau. Ce pauvre Louis, qui change à vue d'œil, est d'une faiblesse extrême. Son état m'inspire de sérieuses inquiétudes que je ne dissimule pas à Saint-Priest ; il commence à les partager.

Jeudi 30 décembre. — Thèbes s'étend sur les deux rives du fleuve, comme Paris et Londres sur les deux rives de la Seine et de la Tamise. De notre bateau nous voyons le temple et l'obélisque de Louqsor, le frère de celui de la place de la Concorde. La chaleur a pris depuis trois ou quatre jours une grande intensité, et nous profitons de la fraîcheur de la matinée pour notre excursion à Carnak. C'est le plus merveilleux amas de ruines que l'on puisse voir. On ne peut y trouver ni un ensemble, ni une destination; seulement, la grandeur, la masse et l'incroyable entassement des ruines frappent l'imagination. Voici ce que M. Mariette nous fait remarquer le plus : 1° La salle hypostyle avec ses cent trente-quatre colonnes énormes; 2° les bas-reliefs du mur extérieur nord de la salle hypostyle, où sont représentées les campagnes d'Asie du règne de Seti. Seti est sur son char, ses chevaux l'entraînent dans la mêlée, il poursuit ses ennemis et les perce de ses flèches. Plus loin, les prisonniers sont enchaînés pour être présentés aux dieux de Thèbes; 3° les bas-reliefs du mur extérieur sud de la salle hypostyle, parmi lesquels M. Mariette nous montre avec soin un tableau sculpté en souvenir d'une campagne victorieuse faite par le roi Sésac contre la Palestine. On y voit le roi frappant un groupe de prisonniers agenouillés à ses pieds. Puis les dieux amènent à Sésac les villes qu'il a prises dans sa campagne, entre autres Joudah Meleck, que Champollion avait prise pour le roi Jéroboam. En tournant à gauche du mur, on en rencontre un autre à angle droit sur lequel est écrit le fameux poëme de Pentaour, composé pour éterniser la mémoire du fait d'armes accompli par Ramsès II ; 4° l'obélisque d'Hatasou, le plus élevé de tous ceux que l'on connaît (33^m,20); il est en granit rose et couvert d'hiéroglyphes et d'inscriptions. Des pylônes, des allées de sphinx et de béliers complètent cet ensemble, colossalement grand et monumental.

Toutes les explications que Mariette-Bey veut bien nous donner, nous intéressent beaucoup : l'histoire, l'archéologie, l'anecdote coulent de source, la vie s'éveille sur son passage, et les grandes figures sculptées sur les murailles le regardent du coin de l'œil.

Vendredi 31 décembre. — Nous passons de bonne heure sur la rive gauche du Nil, où nous attendent les *Donkey-Taïb,* que nous enfourchons bien vite. Au bout de quelque temps, nous arrivons aux colosses de Memnon, qui annonçaient l'entrée d'un temple dont il ne reste plus de traces. Quand les deux statues s'élevaient en face du pylône, debout sur leurs bases, elles avaient 19^m,60 de hauteur. L'une d'elles, depuis un tremblement de terre qui en avait fait tomber la partie supérieure, avait un tintement sonore semblable à une voix humaine, quand le soleil du matin la frappait de ses rayons. C'était le résultat du craquement de la pierre mouillée par la rosée de la nuit et échauffée par le soleil. Les Grecs et les Romains ont cru à un miracle, et Septime-Sévère, en rétablissant le colosse, voulut lui rendre la voix plus belle; dès lors, pour toujours la statue cessa de se faire entendre. De là, nous allons voir un petit temple, *Deir-el-Medineh*, perdu dans un pli de terrain, et dont la façade élégante mérite d'être regardée.

Enfin, voici *Medinet-Abou*, autour duquel et sur lequel même un village copte a été bâti à la chute de la religion égyptienne. Il se composait de deux temples : 1° celui de Thoutmès II, d'époque romaine, dont on n'a pu déterminer l'usage; 2° le temple de Ramsès II, le plus remarquable des monuments égyptiens par sa grandeur, son ensemble, son style et la variété des tableaux dont il est décoré. Il se compose de deux parties : le palais et le temple proprement dit, qui s'annonce par un majestueux pylône. Le palais a les caractères d'une habitation royale, et les chambres intérieures nous montrent bien que c'était un édifice privé. Ramsès II est représenté chez lui, au milieu de sa famille : ici, une de ses filles lui apporte des fleurs; là, il joue aux dames avec une autre; plus loin, il reçoit des fruits d'une troisième, à qui il prend familièrement le menton.

Entre le palais et le temple s'élève un pylône assez remarquable; la cour qui le suit est ornée d'énormes statues adossées aux piliers. Ce sont celles du roi revêtu des attributs d'Osiris. Là on a devant soi la face antérieure du deuxième pylône, dont le massif méridional est couvert d'un grand tableau : Ramsès amenant aux divinités un groupe de prisonniers rangés sur trois lignes. Sur le massif septentrional, une grande inscription qui rappelle que Ramsès II a arraché l'Égypte aux dangers qui la menaçaient et lui a conservé ses frontières dans l'Asie occidentale. On entre ensuite dans une vaste cour qu'on peut regarder comme l'ensemble le plus précieux que nous ait légué l'antiquité égyptienne; autour sont des galeries couvertes de sculptures peintes avec des couleurs éclatantes. Des fûts de colonnes jonchent le milieu de la cour. Les tableaux sont si nombreux, que je renonce à les décrire (presque toujours des tableaux de batailles). Champollion et Mariette-Bey en donnent, dans leurs ouvrages, des descriptions faites avec le plus grand soin. Le mur extérieur nord, est une véritable galerie de musée, où dix tableaux nous font connaître les incidents d'une guerre entreprise par Ramsès II contre les Libyens. Je remarque surtout une représentation d'un combat naval où on aperçoit dans la mêlée un navire ennemi qui coule et flotte la quille en l'air. Ramsès est sur le rivage et ses archers criblent l'ennemi de leurs traits.

Nous remontons à âne, escortés par une foule de petits fellahs, nus pour la plupart, les yeux dévorés par d'innombrables mouches; ils nous demandent l'éternel « bakchick, bakchick ketir » (cadeau, grand cadeau), et nous conduisent jusqu'au Ramesséum où nous attend un excellent déjeuner. Quel appétit! Le Ramesséum est un peu négligé d'abord, mais il ne perdra rien pour attendre. C'est un monument que Ramsès II a élevé à sa mémoire, un édifice funéraire et historique par les nombreux tableaux qu'on y a sculptés.

Le premier pylône nous rappelle la victoire du roi où, par sa valeur personnelle, il gagne une bataille très-compromise (dans la guerre contre les vils Khétas dont il tue les chefs lui-même).

Le deuxième pylône donne accès à une cour bordée de pilastres auxquels sont adossées de grandes figures de Ramsès. Il ne reste malheureusement que des fragments de la statue de Ramsès, l'œuvre la plus prodigieuse qui soit sortie du ciseau égyptien ($17^m,50$ de haut).

Nous allions partir pour aller jusqu'à Qournah, quand un exprès, envoyé de Louqsor, nous avertit que La Rochefoucauld est au plus mal. Nous ne faisons qu'un temps de galop jusqu'au Nil, que Saint-Priest, Monstiers et moi traversons au plus vite. Hélas! quand nous arrivons, tout était fini. Le pauvre enfant était mort à midi. Quelle cruelle et douloureuse émotion, quel affreux serrement de cœur en entrant dans la cabine du pauvre Louis! Ce sont de ces choses qui ne s'oublient jamais! Quelle fin d'année! Je suis ému jusqu'aux larmes; j'avais si bien apprécié les qualités et la bonne nature de La Rochefoucauld pendant le mois que nous avions passé ensemble au Caire! Mourir si jeune, si loin des siens! Quelle douleur affreuse pour son père, quand il recevra la fatale nouvelle!

Samedi 1er janvier 1870. — Hier le vice-roi et sa suite ont passé à Louqsor, redescendant le Nil. Il a appris la mort de La Rochefoucauld et donné des ordres pour notre retour au Caire. Adieu la première cataracte ! En quatre jours, à raison de cinquante-cinq ou soixante lieues, sans autre incident que la vue d'un crocodile, près de la montagne des Oiseaux, au-dessus de Minieh, nous arrivons à Boulaq et sommes au Caire le mardi 4 janvier, à six heures et demie du soir. Je retrouve à l'hôtel Shepherd's, Verneaux, La Panouze et Bonneval. Le mercredi 5, j'ai de bonnes nouvelles de France et je décide mon départ pour Jérusalem ; dernière visite aux bazars, où je galope avec mon âne ordinaire, le *Bono-Hamar*, Rigolboche, suivi par le fidèle Hassan. A cinq heures, Ibrahim et son saïs Mohamed me conduisent pour la dernière fois à la magnifique promenade de Choubrah, et le soir j'assiste, dans la loge de Mme Dranet, la très-aimable femme du surintendant des théâtres, à la répétition générale du *Ballo in Maschera*.

Jeudi 6 janvier. — Journée ennuyeuse ; pourtant, après déjeuner, sur la terrasse de l'hôtel, un petit fellah, à la mine éveillée, tout simplement vêtu d'une chemise bleue, vient faire quelques tours d'escamotage à rendre jaloux tous les prestidigitateurs de Paris ; il se fait sonner comme une bourse pleine d'or, il tire de sa bouche des écheveaux de soie, des chapelets d'épingles, des colliers de scarabées, etc. Nous sommes émerveillés. Puis un autre gamin, effronté comme le premier, joue devant nous avec des serpents, irrite une vipère *haye*, de façon à la faire se dresser le cou enflé et aplati, comme elle est représentée dans les hiéroglyphes, et s'en va avec ses bêtes entortillées autour de ses bras et de son cou.

IV

JAFFA — JÉRUSALEM
LA MER MORTE ET LE JOURDAIN
JÉRICHO

IV.

> In domum domini ibimus :
> Stantes erant pedes nostri in atriis tuis, Jerusalem.
>
> Psaume CXXI.

Ce n'est pas sans un certain sentiment de tristesse que je vais quitter cette terre hospitalière de l'Égypte et m'éloigner pour toujours de ce beau Nil, que les Arabes appellent aussi le fleuve saint, le fleuve béni. Mais mon esprit est rempli de souvenirs de cette vie de contemplation tranquille, et plus d'une fois pendant les longues et froides soirées d'hiver, mon imagination, entraînée sous le ciel pur de l'Orient, viendra se réchauffer au milieu de ceux qui regardent et rêvent en face d'une nature majestueuse et d'une resplendissante lumière. Heureux Orientaux, graves par paresse, paresseux par bonheur! Je les retrouverai dans le voyage en Terre-Sainte, que j'entreprends avec un très-excellent ami, le baron de Verneaux, et deux aimables compagnons, M. Berger, un des charmants passagers de la *Guienne*, et M. Pailhet, jeune officier de la marine des États-Unis. Le 7, à huit heures du matin, nous quittons le Caire et nous traversons le Delta, dont nous admirons la fertilité. La campagne est verte; des blés et des luzernes poussent en vigueur. Là, des massifs de cannes à sucre; ici, des groupes de palmiers. Partout de nombreux canaux par lesquels les eaux du Nil vont porter la vie et l'abondance dans le pays. Ces canaux sont, pour ainsi dire, les veines du sol, les veines par lesquelles le fleuve se répand loin de ses bords, fécondant les champs et fertilisant les provinces. Le train s'arrête quelques heures à Zagazig et arrive vers quatre heures à Ismaïlia, où M. et Mme F. de Lesseps, M. et Mme C. de Lesseps ont la gracieuseté de nous donner l'hospitalité. Nous passons avec eux, dans leur chalet très-bien installé, de bonnes heures qui nous rappellent la France, et nous finissons tous ensemble la soirée chez Voisin-Bey, directeur général des travaux de l'isthme de Suez. Nous sommes reçus à merveille dans un salon frais et riant, étincelant de lumière, et au milieu de femmes élégantes. M. de Lesseps et M. Guichard paraissent enchantés du succès du canal et sûrs de son avenir. Ils nous disent que, depuis le 19 novembre, plusieurs grands bateaux sont revenus des Indes par cette route directe de Suez à Port-Saïd.

Honneur à ces hommes courageux et intelligents à qui l'on doit la conception et la réussite de la plus belle entreprise du xixe siècle! Ils ont donné un grand exemple de ce que peut faire le génie de l'homme. Ils ont peuplé un désert, construit des villes, ils ont fait de l'Isthme une des grandes routes du monde. N'ont-ils pas bien mérité de la patrie?

Samedi 8 janvier. — Nous quittons Ismaïlia, la Venise du désert, ainsi que l'a appelée je ne sais plus quel voyageur, enthousiasmé par ses petits palais, ses quais et sa flottille de nacelles. Cette jolie ville, que nous n'avions pu bien voir à notre passage le 19 novembre, est un véritable parc, semé de chalets entourés chacun de jardins improvisés dans le désert, et qui réussissent lorsqu'ils sont arrosés. Aussi y a-t-il à Ismaïlia deux machines qui envoient partout l'eau douce du canal, jusqu'à Port-Saïd même, par une double conduite en fonte qui alimente également les stations intermédiaires.

Le bateau-mouche que nous devons encore à l'obligeance inépuisable de nos aimables hôtes, marche très-vite, stoppe un instant à Kantara et nous mène ensuite à bord du *Tage*, qui chauffe et doit partir à cinq heures pour les côtes de Syrie. Il n'est que trois heures, nous pouvons donc flâner dans Port-Saïd, où nous trouvons tout ce qui constitue une ville pleine d'activité, hôtels, hôpitaux, mosquées, églises, bazars, etc... A l'heure dite, le *Tage* lève l'ancre par un temps frais, une mer très-calme; c'est un magnifique paquebot des Messageries impériales, très-long, très-étroit, mais très-bien aménagé et remarquablement propre.

Dimanche 9 janvier — A 7 heures, nous sommes devant Jaffa, bâti en amphithéâtre sur la pente d'une côte élevée. La mer est bleue, le ciel est bleu; une forêt de palmiers, de grenadiers et citronniers, les terrasses crénelées, les blancs minarets que nous apercevons de notre bateau, donnent à la ville un aspect des plus pittoresques. Le port, formé par une ancienne jetée, est petit et presque comblé; aussi les bâtiments sont obligés de jeter l'ancre loin du rivage. De nombreuses roches à fleur d'eau, où les vagues viennent se briser, forment entre elles des passes étroites qui rendent le débarquement difficile et vraiment dangereux par les gros temps.

Nous quittons le *Tage* pour aller directement chez M. Philibert, consul de France et agent des Messageries impériales, lequel, grâce à une lettre du comte de Quinsonas, nous serre la main comme à de vieilles connaissances et s'occupe de nous procurer des guides, des chevaux de selle et des mulets pour nos bagages. Pendant que se font tous ces préparatifs, nous allons entendre la messe au couvent des Franciscains, sur le quai de la Douane. Il y a là une quantité de femmes Levantines dont le type est tout différent de celui des Arabes; les costumes sont tout autres aussi. Puis nous parcourons les rues, qui sont sales et étroites; le bazar, qui est médiocre, et le marché, où se vendent par milliers de magnifiques oranges, des grenades et des citrons. Nous nous arrêtons au couvent arménien non uni, dont la terrasse donne sur la mer et dans une cour duquel une nombreuse caravane russe, sous la direction du consulat de Russie, se prépare à partir pour Jérusalem. Les hommes et les femmes, chargés de leurs bagages, partent à pied pour la ville sainte. Leurs costumes sont curieux, la fourrure y domine.

A une heure, nous sommes à cheval et nous traversons le faubourg de Jaffa, au milieu de bois d'orangers chargés de fruits, et de haies de cactus gigantesques, pour déboucher dans une plaine bordée à l'horizon lointain par les montagnes Pelées.

Nos chevaux sont loin de ressembler à ceux que les poëtes arabes ont chantés; je ne les crois pas des *modèles d'activité, de vaillance* et de *sobriété;* ils ne sont pas pourtant trop mauvais, et si nous n'avions pas des selles et des harnachements détestables, tout irait bien. Les étriers surtout, larges et lourds, dont les faces latérales vont en diminuant de manière à se joindre à la branche supérieure qui supporte l'anneau des étrivières, nous sont fort désagréables. Comme on les porte très-courts et qu'on y chausse tout le pied, l'œil de l'étrivière vient porter contre l'os de la jambe et y causer une grande sensibilité; le siége de la selle est très-dur, car l'arçon est en bois et caché seulement par une couverture en maroquin rouge, plus ou moins orné. Nous nous contentons donc d'aller au pas; d'ailleurs la chaleur est grande et rien ne nous presse.

La plaine de Saron est bien cultivée et très-fertile ; elle donne, nous disent les drogmans, alternativement, une année une abondante moisson, et l'autre du pâturage ; la terre non labourée est couverte d'une infinité de fleurs, tulipes, anémones et touffes d'iris. Tous les demi-kilomètres, des blockhaus en maçonnerie sont construits pour servir d'abri aux voyageurs. Nous rencontrons de nombreux convois d'ânes et de chameaux et nous arrivons à Ramleh à quatre heures. Presque toutes les maisons y sont en espèce de plâtre, surmontées d'un petit dôme comme ceux des mosquées. Elles semblent construites dans un bois de figuiers et de grenadiers, sont entourées de grands nopals, dont les palettes épineuses s'entassent en désordre les unes sur les autres, et du milieu de tout cela s'élèvent de magnifiques palmiers. Les rues sont d'une saleté repoussante : en revanche, les chambres du couvent des Franciscains, où nous avons passé la nuit, sont extrêmement propres.

Pendant l'expédition française en Syrie, ce couvent franciscain était le bivouac du général Bonaparte et de son état-major, et la chambre où coucha Napoléon existe encore.

A quelques pas de Ramleh s'élève la tour des

Quarante martyrs (style roman gothique), qui autrefois était le clocher d'un monastère dont il reste d'assez belles ruines (cloître du temps des Templiers, catacombes et cryptes souterraines).

A sept heures, dîner chez les bons pères : œufs frais avant le potage, mouton, poules, vin détestable de Chypre, dont l'odeur est nauséabonde, à cause de la poix avec laquelle sont enduites les outres où il est enfermé. Sont assis à la même table M. Taylor, consul des États-Unis au Caire, et un de ses amis, M. Henri Stanley, correspondant du *New-York Herald* et envoyé à la recherche du docteur Livingstone. Ces messieurs décident qu'ils partiront aussi demain matin pour Jérusalem.

Lundi 10 janvier. — A cheval à 6 heures 30 et par une matinée bien fraîche, nous traversons encore pendant trois heures la belle plaine de Saron, en passant devant les villages d'El-Berieh et Kebab. De nombreux vols d'étourneaux, d'alouettes, de chardonnerets se lèvent devant nous, quelques aigles planent au-dessus de nos têtes. Nous gravissons une première montagne du sommet de laquelle la vue embrasse toute la plaine, Ramleh, et au loin Jaffa et la mer.

JÉRUSALEM.

Puis la route s'engage dans une jolie vallée entre des montagnes encore boisées et nous mène en une heure, après avoir passé le puits de Job, au pied des montagnes de Judée. La contrée devient montueuse et aride, excepté cependant la vallée d'Ouadi-Ali, au bout de laquelle est situé le village d'Abougoche avec les ruines de l'église Saint-Jérémie. Les collines sont grises, incultes et tristes; les montagnes pierreuses, calcinées par le feu des volcans, et les vallées, brûlées par les rayons du soleil, sont stériles. C'est à peine si nous y voyons quelques figuiers rachitiques, quelques pâles oliviers au milieu d'énormes chardons.

Nous montons pendant deux heures pour arriver sur un sommet qui domine la vallée large et profonde de Kalounieh, la dernière qui nous sépare de Jérusalem. Là, nous sommes assaillis par une nuée de sauterelles qui fait une tache soudaine sous le soleil le plus pur; un bruit étrange, strident et continu accompagne ce nuage épais, qui grouille autour de nous. Nous descendons à pied les lacets nombreux de la route, nous nous arrêtons quelques minutes à la source du pont, entourée de citronniers et d'orangers, et nous remontons au milieu de rochers noirs, déchiquetés et arides. A mesure que l'on avance, le pays devient plus sauvage, plus désolé. Tout à coup nous sommes en vue de Jérusalem, dont les murailles grises, crénelées, derrière lesquelles s'élèvent quelques dômes d'édifices, forment un singulier contraste avec les tours du couvent russe et l'école prussienne, placées à gauche et à droite de la route. Personne de nous ne peut se défendre d'une véritable émotion en se trouvant devant la ville sainte, à cet endroit où toutes les caravanes mettent pied à terre et entonnent en face de ces lieux sacrés le psaume CXXI :

In domum domini ibimus :
Stantes erant pedes nostri in atriis tuis, Jerusalem.

A notre droite, au fond de la vallée de Géhenne, nous apercevons le couvent grec de Sainte-Croix, bâti sur l'emplacement où fut coupé l'arbre qui servit à faire la croix de Notre-Seigneur.

Enfin, vers quatre heures, nous entrons dans Jérusalem par la porte de Jaffa, et en traversant des rues étroites, raides et glissantes, ainsi que des bazars voûtés, nous arrivons à l'hôtel de Damas, où nous sommes heureux de retrouver le comte et la comtesse de Pierre et M. C. de Chalanyat.

UNE RUE A JÉRUSALEM.

JÉRUSALEM.

Le froid est vif, le temps est gris, la ville a un aspect navrant de tristesse. Je vois de ma fenêtre le mont des Oliviers, qui domine la vallée de Josaphat, et le monastère élevé par la princesse de la Tour d'Auvergne à la place où Jésus-Christ enseigna le *Pater noster* à ses disciples.

Je cours avec Verneaux au Saint-Sépulcre !! Nous sommes sur le lieu même ou Notre-Seigneur est mort pour nous !!! Six nations diverses, chacune dans son rite propre, officient dans la basilique, les Franciscains, les Grecs non unis, les Arméniens, les Cophtes, les Abyssins et les Syriens (les cinq derniers ne sont pas catholiques); il semble que la réprobation du ciel se manifeste jusqu'à nos jours par les dissensions entre les diverses communions chrétiennes. C'est la perpétuité de l'abomination de la désolation dans les lieux saints !

Mardi 11 janvier. — Au fond d'une petite place carrée et dallée où se trouve le tombeau de Philippe d'Aubigny, s'élève, masquée par des masures et les couvents accolés au monument, la belle façade à deux portes de la basilique du Saint-Sépulcre. Le style en est byzantin, les chapiteaux sont finement travaillés et des frises remarquables courent au-dessus des portes, dont l'une est murée. A gauche, on pénètre dans l'intérieur : deux Turcs accroupis sur un divan gardent l'entrée des Lieux-Saints. Ils sont en possession des clefs, et ouvrent les portes aux heures qui leur sont prescrites. Les religieux qui habitent l'église n'en peuvent sortir quand ils le veulent, et ne communiquent avec l'intérieur que par un guichet pratiqué dans la porte d'entrée et par lequel on introduit journellement leur nourriture.

Le premier sanctuaire que l'on voit en entrant, est la pierre *de l'onction,* où le Christ fut lavé et embaumé par Joseph d'Arimathie avant l'ensevelissement. C'est une table rectangulaire en pierre rouge de $2^m,70$ sur $1^m,30$. Elle s'élève à $0^m,30$ au-dessus du sol, et elle a ses quatre angles ornés d'un pommeau doré. Des lampes placées par les Latins, Grecs, Arméniens et Cophtes, y brûlent perpétuellement.

A douze pas de là, à gauche, sur une place ronde dallée, sous une grande coupole récemment reconstruite par M. Mauss et décorée dans le style byzantin par Salzmann, le *Saint-Sépulcre* de N.-S. Jésus-Christ. La chapelle pentagonale, en marbre, d'un mauvais goût achevé, surmontée d'un petit dôme en forme de couronne fermée, a tout l'air d'un catafalque. Elle est divisée en deux sanctuaires. Le premier contient la *pierre de l'ange ;* à gauche et à droite, dans les murs, sont deux lucarnes qui servent aux Grecs pour distribuer le feu sacré la veille de leur Pâque. A l'entrée, des deux côtés, se trouvent six énormes chandeliers surmontés de cierges proportionnés et six autres moins grands ; deux des premiers et deux des seconds sont aux Franciscains, quatre sont aux Grecs non unis, et le reste aux Arméniens non catholiques. Au milieu de la chapelle de l'ange ou antichambre du Saint-Sépulcre, se trouve posé sur un piédestal et encadré de marbre, un morceau de la pierre de l'ange, qui enfermait Jésus-Christ au tombeau. Dans cette chapelle brûlent perpétuellement quinze lampes, les cinq du milieu aux Franciscains.

De là, on entre par une petite porte très-basse dans le Saint-Sépulcre de N. S. Jésus-Christ. Il n'est grand que de 2 mètres environ en tous sens. Les parois en sont encore du véritable rocher naturel comme au temps de sainte Hélène. Le vrai tombeau de Notre Seigneur est du côté nord. C'est un creux taillé dans le roc. Les flancs et le dessus sont couverts de marbre blanc. Quarante-trois lampes y brûlent perpétuellement. Les treize du milieu sont aux Franciscains.

A l'ouest du Saint-Sépulcre, par une chapelle appartenant aux Syriens, on entre dans le caveau sépulcral de Joseph d'Arimathie. En face se trouve la chapelle grecque surmontée d'une coupole très-richement ornée, dans laquelle une borne en marbre est dite le *Centre du Monde*.

A droite, la *chapelle catholique Sainte-Marie-Madeleine* est placée à l'endroit où Madeleine vit apparaître Notre-Seigneur sous la forme d'un jardinier.

Tout près de là, on monte par quatre degrés à l'église des Franciscains, où nuit et jour ils célèbrent les offices divins (*chapelle de l'Apparition*). Cette chapelle a trois autels : le maître-autel, à droite l'autel des Reliques, à gauche celui de la Colonne de Flagellation. Un tronçon de cette colonne en porphyre, de 0^m,65 de haut, y est conservé entre deux grilles de fer. On garde dans la sacristie latine les éperons et l'épée de Godefroid de Bouillon. Les éperons sont en cuivre et les molettes sont d'une grandeur démesurée; l'épée est droite et la garde simple.

De la sacristie, en se dirigeant à gauche, on arrive à une chapelle sombre appartenant aux Grecs non unis, bâtie sur l'emplacement d'une grotte qui servit de prison à Notre-Seigneur et aux deux larrons avant le crucifiement. Un peu plus loin, une chapelle est construite à l'endroit où les bourreaux jouèrent les vêtements du Sauveur. A 2 mètres au delà, on descend, par un escalier de vingt-neuf marches, à la *chapelle Sainte-Hélène,* et à treize marches au-dessous, au caveau où la sainte découvrit la vraie croix, sur les indications du juif Siméon. On retrouva là les trois croix, et on reconnut celle de Jésus-Christ en la faisant toucher à une femme malade qui fut instantanément guérie. On remonte les deux escaliers ; on voit à gauche une chapelle grecque dont le milieu est occupé par une cage en fer contenant la colonne d'impropère, morceau de granit gris qui servit de siége à Notre-Seigneur pendant le couronnement d'épines. Puis on arrive à l'escalier de dix-huit degrés qui conduit au *Calvaire,* dont le sommet est occupé aujourd'hui par deux chapelles à coupoles : l'une grecque, là où fut placée la croix de Jésus-Christ (la place est indiquée par un disque d'or ciselé au-dessous d'une tablette de marbre), l'autre catholique latine, à l'endroit où le Christ fut fixé sur la croix, avant l'érection. En dessous, un caveau où fut enseveli Adam; sa tête était juste au-dessous de la sainte Croix. On y voit, dans le rocher, une fente produite par le tremblement de terre après le crucifiement. Sur la droite, un banc de pierre indique le tombeau de Godefroid de Bouillon, un autre à gauche indique celui de son frère Baudoin. En sortant du Saint-Sépulcre, nous voyons l'ancienne église des chevaliers du Temple (hôpital Saint-Jean), dont il ne reste que le portique et le fond du chœur. Ce terrain vient d'être donné par le sultan au prince royal de Prusse, pendant son récent séjour à Jérusalem.

Dans l'après-midi, après notre visite au gérant du consulat de France (M. de Barrère, consul général, est malade à Paris), notre drogman Albengo, vieil Italien un peu lettré, nous fait parcourir la ville. Il nous mène d'abord, près de la porte de Jaffa, à la *citadelle* bâtie sur l'emplacement de l'ancien palais de David. La tour principale repose sur des fondations du temps d'Hérode. Du haut de cette tour, occupée par une partie de la garnison de la ville, nous jouissons d'un magnifique panorama sur Jérusalem, puis au loin sur les montagnes de l'Arabie Pétrée, merveilleusement éclairées par un soleil ardent. La citadelle a une mosquée qui se relie au mur d'enceinte bâti au xve siècle, après l'établissement de la domination turque, à la place des remparts des Croisés, qui eux-mêmes avaient été construits suivant la ligne de ceux d'Adrien.

Devant la porte de la citadelle, une église protestante anglicane s'élève sur l'ancien emplacement de la maison d'Hérode.

Nous suivons ensuite la rue des Arméniens, dans laquelle se trouve la cathédrale arménienne, dédiée à saint Jacques le Majeur. Avant d'y arriver, on passe dans une grande cour devant le collége arménien, l'hospice pour trois mille pèlerins et l'imprimerie arménienne. L'église est richement ornée dans le plus beau style persan. Un revêtement de carreaux de faïence (bleu sur blanc) recouvre les murs et les colonnes carrées. La chaire, les meubles et les portes sont en marqueterie de nacre sur bois d'olivier. Les cloches sont remplacées par des plaques d'airain, oblongues, pendues horizontalement et sur lesquelles on frappe avec un maillet de bois.

A gauche de l'entrée, il y a la chapelle bâtie à la place où fut décapité saint Jacques le Majeur, dont les habitants de Compostelle prétendent posséder le corps.

Nous visitons encore tous les lieux historiques du mont Sion : c'est d'abord la maison d'Anne, beau-père de Caïphe, où Jésus-Christ fut conduit après son arrestation au jardin de Gethsémani. C'est là qu'est construite une chapelle arménienne, plus simple que la cathédrale, dans laquelle cependant les revêtements sont encore en faïences persanes, bleu sur blanc, ou polychromes. A droite du maître autel, on nous montre une chapelle ardente, sur le lieu où Notre-Seigneur fut interrogé par le grand prêtre et souffleté.

Auprès du mur d'enceinte que nous traversons par la porte de Sion, nous passons devant les maisons isolées des lépreux, où habitent une trentaine de ces malheureux ne vivant que de l'aumône des passants; puis nous arrivons au *Cénacle*. On passe d'abord par une écurie, ensuite on monte un escalier pour entrer dans une petite cour pavée et dans une ancienne église convertie en mosquée, bâtie sur l'emplacement où Notre-Seigneur institua le Très-Saint-Sacrement, où il se présenta aux apôtres après la résurrection (*pax vobis*) et où le Saint-Esprit apparut aux apôtres. En dessous se trouvent des souterrains creusés dans le roc, où furent ensevelis David et sa famille.

Tout près de là s'élevait la *maison de Caïphe*, où Jésus-Christ fut condamné à mort, où saint Pierre renia son maître et où Notre-Seigneur passa la nuit entre le jeudi et le vendredi saint.

L'autel de la chapelle construite sur cet emplacement, est formé par la pierre qui recouvrit le Saint-Sépulcre. La cour de la chapelle sert de sépulture aux dignitaires du culte arménien.

En sortant de ce couvent, nous allons au grand cimetière, divisé en enceintes spéciales pour les Grecs, les Catholiques, les Juifs, les Turcs et les Anglais. Sur une des pierres du mur en ruines du cimetière, une croix sculptée désigne l'emplacement du lieu où s'élevait la maison dans laquelle mourut la sainte Vierge. Cette place, qui devrait être vénérée, est souillée par d'ignobles immondices ; nous en sommes tous indignés. Nous rentrons à la nuit par la porte de Jaffa à l'hôtel de Damas, où nous attend un mauvais dîner. Trop de mouton, beaucoup trop de mouton. Rien dans la ville ne nous avait consolés de la tristesse extérieure. Nous étions revenus par une quantité de petites rues obscures, non pavées, et de bazars voûtés, infects et ôtant encore la lumière à la ville désolée.

Mercredi 12 janvier. — La mosquée d'Omar, construite sur l'emplacement de la pierre qui avait servi d'oreiller à Jacob, lorsqu'il eut la vision de l'échelle mystérieuse, est une des plus belles qu'ait jamais élevées l'Islam.

Autrefois, le chrétien qui se permettait de franchir même le mur d'enceinte, était puni de mort. Maintenant, depuis la guerre d'Orient, on peut y pénétrer avec l'autorisation du consul qui fait accompagner les visiteurs par un de ses kawas, à condition toutefois d'y marcher avec des babouches.

Après avoir traversé le marché au coton, nous arrivons par un perron de douze marches à la plateforme de l'ancien temple de Salomon, au milieu de laquelle s'élève la mosquée. Elle est de forme octogonale, surmontée d'une coupole couverte de cuivre et terminée par un immense croissant. Un soubassement en marbre blanc de cinq mètres environ, et au-dessus un revêtement complet de plaques en faïences polychromes d'un remarquable émail, fournissant une ornementation continue de fleurs et d'arabesques élégantes, les grillages des fenêtres également en faïences noires et blanches, ménageant des jours en rosace, donnent à l'extérieur de l'édifice le plus riche aspect.

Il y a devant l'entrée un pavillon de douze faces, supporté par dix-sept colonnes en deux cercles, colonnes qu'on dit être celles de l'ancien parvis du temple.

Nous pénétrons par la porte *Bab-el-Sinsileh* dans l'intérieur, qui présente véritablement un admirable ensemble. Autour du dôme, soutenu par quatre gros piliers carrés en marbre blanc et noir, reliés entre eux par des arcatures ogivales sur colonnes rondes, circulent deux galeries concentriques octogonales séparées par une série de colonnes rondes en marbre supportant des linteaux droits recouverts de bronze doré et ciselé. Il y a au-dessus des linteaux des arcatures ogivales dont les tympans et les intrados sont couverts de mosaïques byzantines merveilleuses. Les deux galeries ont des plafonds à caissons et panneaux en bois de cèdre sculptés et peints, formant une série de dessins ornementaux du meilleur goût.

Dans la première nef circulaire, une plaque de jaspe est incrustée dans le sol avec quelques clous d'or à tête brillante. Il en reste trois encore, et les musulmans croient que lorsque le dernier aura disparu, arrivera la fin du monde : la partie du dôme est séparée des galeries par des grilles forgées à la main, du plus beau travail d'enroulement.

A l'intérieur de la coupole, une nouvelle enceinte

à hauteur d'appui, en bois travaillé dans le genre des moucharabis, entoure le rocher où on plaça, dit-on, l'arche sainte et sur laquelle se reposa Jacob. On nous montre l'empreinte des doigts de l'archange Gabriel, lorsqu'il arrêta par ce rocher le monde que Mahomet voulait enlever au ciel, et aussi l'empreinte d'un pied de Mahomet.

Rien n'est beau comme l'ornementation intérieure de la coupole, dont les courbes sont revêtues de riches arabesques. Toute la partie droite est couverte de mosaïques à fond d'or. Les fenêtres de la coupole comme celles de l'intérieur ont des vitraux de dessins frais et variés, formés par des petits morceaux de verre aux couleurs étincelantes.

Au-dessous du rocher se trouve une grotte, dite la *Grotte des Ames;* une excavation dans le plafond donne la taille du prophète ; dans un angle, l'autel où priait David, le siége d'Abraham, puis un trou par lequel Mahomet s'enleva au ciel sur son mulet ailé, dans la nuit où son esprit vint de La Mecque à Jérusalem.

En sortant par la porte du Nord (*Bab-el-Djinneh*) et descendant de la plate-forme générale, du côté opposé à celui par lequel nous sommes entrés, et après avoir vu la délicieuse *chaire du kalife Omar,* nous gagnons la mosquée d'*El-Aksa,* ou temple de Justinien. L'intérieur, peu remarquable, est vaste et a absolument la forme d'une basilique grecque byzantine. Une jolie coupole rappelle en très-petit celle de la mosquée d'Omar. Notre fidèle Albengo nous montre les colonnes d'épreuve, l'empreinte d'un pied de Jésus-Christ, que les mahométans ont en grande vénération, et nous fait voir ensuite par une des fenêtres d'une chapelle latérale, une belle vue sur le mont du Scandale, la vallée de Josaphat et le village de Siloë.

Au-dessous de la mosquée, dans de vastes souterrains, des colonnes, des murs et des pilastres paraissent être des restes authentiques du temple de Salomon.

A la sortie de la mosquée, nous allons visiter une chambre souterraine dans laquelle on descend par un escalier de trente-deux marches et où les musulmans placent le tombeau de Jésus-Christ. Cette grotte se relie par de longs corridors à un grand souterrain voûté à plein cintre et soutenu par quatre-vingt-seize piliers.

L'enceinte fortifiée de l'esplanade domine la vallée du Cédron, et du haut des remparts la vue s'étend sur le mont des Oliviers, la vallée de Josaphat, et dans le fond, sur les montagnes arabiques, au-dessus de la mer Morte et du Jourdain.

Une colonne de pierre couchée sur le sol, qu'on prendrait au loin pour un canon, fait saillie sur le rempart. C'est là que Mahomet, le jour du jugement dernier, placera son fil pour enlever les justes au ciel.

En longeant l'enceinte, nous arrivons à la porte dorée par laquelle Jésus-Christ entra triomphalement le jour des Rameaux, par laquelle aussi l'empereur Héraclius porta la vraie croix au calvaire. C'est une porte double, murée du côté de l'Orient, avec des pilastres en haut desquels court une frise richement sculptée.

Plus loin une petite mosquée est élevée où était le tribunal de Salomon, et à quelques pas de là la porte Saint-Étienne par où l'on sort du *Haram-el-Chérif*.

Un chemin que nous prenons alors nous mène à la piscine probatique, où on conduisait à la purification les moutons destinés aux sacrifices du temple. Elle est maintenant à sec. C'est là que Jésus-Christ guérit le paralytique. En remontant dans la ville, nous nous arrêtons à l'église Sainte-Anne, bâtie au vi[e] siècle par Justinien, sur l'emplacement (d'après la tradition orientale) où fut conçue et naquit la vierge Marie. Après la campagne de Crimée, elle fut donnée par le sultan Abdul-Medjid à la France, qui la fait restaurer aujourd'hui par M. Mauss.

Nous suivons ensuite la *Via Dolorosa*, de la maison de Pilate au Calvaire, en passant sous l'arc de l'*Ecce homo*, et nous sommes vraiment émus de faire le chemin de la croix aux stations mêmes de N.-S. Jésus-Christ. Qui pourrait ne pas être frappé d'une sainte tristesse et d'une admiration profonde en suivant les scènes de la Passion au pied de la montagne de Sion, dans les murs mêmes de Jérusalem?

Il est midi, notre drogman Albengo et son beau-frère Joseph Karam sont à la porte de l'hôtel avec des chevaux vigoureux et tout le campement nécessaire pour l'excursion de la mer Morte et de Jéricho. Je fredonne la sonnerie à cheval, vieux souvenir de mon beau régiment de carabiniers, et nous voilà en route. M. Stanley nous accompagne.

Sortis par la porte de Damas, nous longeons les murs de Jérusalem jusqu'à celle de Jaffa, puis descendant dans la vallée de Géhenne, aride et désolée, nous passons devant l'asile juif fondé par Montefiore, devant le puits des Rois où l'étoile reparut aux yeux des rois mages pour les guider vers Bethléem, et le couvent grec d'Élie, construit en face du rocher où se couchait souvent le prophète.

Nous entrons ensuite au tombeau de Rachel, femme de Jacob. C'est un édifice carré avec un petit dôme sans aucun style et jouissant des priviléges d'une mosquée. Quelques minutes après, nous arrivons au galop en vue de Bethléem, dont les maisons en amphithéâtre, construites au milieu de vignes et d'oliviers, forment un joli ensemble. Avant d'entrer dans la ville, sur l'emplacement de la maison de Jéssé, père de David, des femmes d'un beau type, drapées dans des vêtements dont la forme et la couleur bleue et rouge rappellent ceux de la sainte Vierge, nous offrent de l'eau puisée aux citernes.

Enfin nous descendons sur la place du Couvent latin, qui tient à l'église par une cour fermée de hautes murailles. Au bout de cette cour, une porte latérale donne entrée dans l'église, où cinq nefs sont formées par quatre rangées de colonnes en marbre rougeâtre, veiné de blanc; ces nefs sont séparées par un mur construit par les Grecs non unis, du chœur élevé de 0^m,70 environ au-dessus du niveau général de la basilique. C'est au-dessous du chœur et juste au-dessous d'une étoile de marbre placée sur le sol, devant l'hôtel des Mages, que se trouve la grotte de la nativité de Notre-Seigneur. On y descend par deux escaliers, l'un de seize, l'autre de treize degrés. La grotte est de forme irrégulière, taillée dans le roc, et n'est éclairée que par de nombreuses lampes en or et en argent, dont l'une des plus belles a été offerte par Mgr le comte de Chambord, pendant son voyage en 1861. Une pierre de jaspe entourée d'un cercle d'argent, radiée en forme de soleil, autour de laquelle sont gravés ces mots :

Hic de Virgine Maria, Jesus Christus natus est,

indique seulement la place où la Vierge mit au monde le Rédempteur des hommes.

A sept pas plus loin, en descendant trois marches, on est à l'oratoire de la Crèche, voûte peu élevée, enfoncée dans le rocher, et où un bloc de marbre blanc creusé en forme de berceau marque la place où Jésus-Christ fut couché sur la paille. A l'est, dans cet oratoire, un autel dédié aux rois mages est érigé sur le lieu même où ils adorèrent l'enfant Jésus.

De beaux tableaux de l'école italienne et espagnole enrichissent ces lieux vénérés, qui *excitent en votre âme des choses qui se font sentir beaucoup mieux qu'on ne peut les exprimer.*

De la grotte de la Nativité nous descendons dans des grottes naturelles, à la chapelle dite École de Saint-Jérôme, où ce père de l'Église traduisit la Bible d'hébreu en latin, à son tombeau, à ceux de saint Eusèbe, de saint Paul, à la chapelle des Innocents.

Puis nous remontons au couvent pour continuer notre route vers Saint-Sabas.

Le chemin que nous prenons en quittant Bethléem suit pendant quelque temps le fond de la vallée, laisse à droite un jardin d'oliviers, planté à l'endroit où l'ange apparut aux bergers pour leur annoncer la naissance du Sauveur, et serpente à travers les montagnes de Judée, abruptes et rocailleuses, où nos chevaux font des prodiges d'équilibre et d'adresse. Nous rencontrons deux fois des campements de bédouins nomades avec leurs chameaux et leurs troupeaux de chèvres.

Bientôt enfin, au fond d'un ravin où coulait le torrent du Cédron, aujourd'hui à sec, nous voyons le couvent de Saint-Sabas qui s'annonce de loin par deux tours élevées, et nous y arrivons vers six heures, après une descente tellement raide et mauvaise, que nous mettons pied à terre et menons nos chevaux en main jusqu'à la place que nos guides choisissent pour l'établissement des tentes :

« Je douté, dit Chateaubriand, que les couvents de Scété soient placés dans les lieux plus tristes et plus désolés que le couvent de Saint-Sabas. Il est bâti dans la ravine même du torrent du Cédron, qui peut avoir trois ou quatre cents pieds de profondeur dans cet endroit. Ce torrent est à sec et ne roule qu'au printemps une eau fangeuse et rougie. L'église occupe une petite éminence dans le fond du lit. De là, les bâtiments du monastère s'élèvent par des escaliers perpendiculaires et des passages creusés dans le roc sur le flanc de la ravine, et parviennent jusqu'à la croupe de la montagne, où ils se terminent par deux tours carrées. L'une de ces tours est hors du couvent ; elle servait autrefois de poste avancé pour surveiller les Arabes. Du haut de ces tours on découvre les sommets stériles des montagnes de Judée ; au-dessous de soi, l'œil plonge dans le ravin desséché du torrent, où l'on voit des grottes qu'habitèrent jadis les premiers anachorètes. Des colombes bleues nichent aujourd'hui dans ces grottes, comme pour rappeler par leurs gémissements, leur innocence et leur douceur, les saints qui peuplaient autrefois ces rochers. Je ne dois point oublier un palmier qui croît dans un mur sur une des terrasses du couvent ; je suis persuadé que tous les voyageurs le remarqueront comme moi : il faut être environné d'une stérilité aussi affreuse pour sentir le prix d'une touffe de verdure.

En descendant les escaliers qui relient entre elles des terrasses étroites, superposées, nous visitons successivement une chapelle ronde où se trouve le tombeau de saint Sabas, la chapelle des Martyrs dans laquelle on conserve les crânes des moines massacrés par les bandes de Chosroës, le tombeau de saint Jean Damascène, la grotte de Saint-Sabas, dite la Grotte du Lion, et l'église du monastère, richement ornée et décorée de peintures byzantines.

Les moines, au nombre de soixante environ, à qui l'usage de la viande est formellement interdit, mènent une vie des plus austères. Ils n'ont pour compagnons de captivité que les chacals qui peuplent le ravin et les oiseaux sauvages qui planent au-dessus des rochers. Quelle foi ardente il faut avoir, pour supporter des années entières une pareille existence !

Jeudi 13 janvier. — La nuit sous la tente a été

bonne, malgré l'extrême fraîcheur, qu'il a été facile de combattre, et les aboiements lugubres des chacals effarouchés par les feux des bédouins qui nous gardaient.

A huit heures, nos trois tentes sont levées, nos quatorze chevaux sellés, et nous partons escortés cette fois par un bédouin armé jusqu'aux dents. Voici pourquoi : le gouvernement turc, pour réprimer le brigandage mieux que par des détachements de troupes, a nommé *cheiks* les plus grands propriétaires de chaque district. Chaque voyageur leur paye un tribut de 10 à 20 francs, moyennant quoi, le cheik est responsable de sa sécurité tant qu'il est sur le territoire de ses tribus. Leurs propriétés servent de garantie.

Drapé dans son burnous blanc, Mohamed a très-grand air ; sa jument de deux ans est parfaite, un peu maigre peut-être, mais des membres sains et le pied très-sûr, malgré toutes les difficultés du terrain : les chemins atrocement mauvais montent et descendent constamment au milieu de cailloux roulants et de blocs de rochers. La végétation est nulle, et nous ne rencontrons d'animé que des nuées de sauterelles.

A notre gauche, sur un sommet élevé, un monument que les musulmans appellent le Tombeau de

Moïse; de temps à autre, à notre droite, une jolie échappée de vue sur la mer Morte.

Vers midi, nous descendons dans la plaine de Jéricho, où poussent quelques arbustes chétifs dont les feuilles sont couvertes de sel. En face de nous, les montagnes d'Arabie s'élèvent à pic au-dessus de la mer Morte en répandant leurs ombres sur les eaux. Au milieu de la vallée, des saules et des touffes de roseaux indiquent le cours du Jourdain, et à nos pieds s'étend la mer Morte, d'une belle couleur bleue et unie comme une glace. La chaleur est torride et nous mourons de soif; mais l'eau, quoique fort limpide, est gluante et a un horrible goût salin, qui sans aucun doute est la vraie cause de l'absence de poisson.

La grande densité de l'eau empêche d'y plonger à une certaine profondeur. Le corps y surnage comme un morceau de liége. D'après Gay-Lussac, 100 parties d'eau de la mer Morte contiennent :

Chlorure de sodium — 6,95

Chlorure de calcium — 3.98

Chlorure de magnésie — 15,31.

La mer Morte a environ vingt lieues de long et quatre de large en moyenne.

Le duc de Luynes fit apporter il y a quelques

LA MER MORTE.

années un bateau à vapeur sur lequel il voulait en faire le tour. Ce bâteau a été depuis coulé par ses ordres.

A la pointe du sud du lac Asphaltite, sur la rive occidentale, se trouve, d'après M. de Saulcy, l'emplacement de Sodome; celui de Gomorrhe est à la pointe nord de la même rive.

Une forte brise s'élève pendant notre halte et nous avons la chance de voir se soulever les flots de la mer Morte, phénomène assez rare, dit-on.

Deux heures nous ont suffi pour reprendre haleine et nous nous dirigeons vers le Jourdain à travers les sables de la plaine couverte par endroits de cristaux de sel qui ont l'aspect du givre. Notre marche est vraiment pénible pendant une heure et demie, jusqu'à notre arrivée aux berges du Jourdain que nous suivons pendant quelque temps avant de descendre sur le bord, à l'endroit où eut lieu le baptême du Christ. Des broussailles de tamarin et de caroubier de nombreux peupliers, des masses deroseaux croissent sur les rives du fleuve et nous réjouissent le cœur; c'est un véritable printemps : de la verdure et des oiseaux qui chantent!

Le fleuve est encaissé, à peine large de vingt

mètres, et son eau, quoique excessivement trouble, est fort agréable à boire. J'en remplis une petite bouteille que j'emporterai en France. A qui servira-t-elle? Dieu seul le sait!

Du Jourdain, nous coupons transversalement la plaine pour nous diriger sur Jéricho, dont les ruines (du fort des Croisés) apparaissent au loin dans un bouquet de verdure, au pied du mont de la Quarantaine. Nous laissons à gauche les ruines du château des Juifs (peut-être du couvent de Saint-Jean-Baptiste), à droite celles du couvent grec de Saint-Érasme construit sur le lieu où les Israélites campèrent pour la première fois après le passage du Jourdain, et nous arrivons vers cinq heures et demie à nos tentes, dressées d'avance près des gourbis d'une tribu bédouine.

Le soir, dix-neuf Arabes accompagnés de seize femmes et enfants viennent danser autour de nous; l'un d'eux exécute le pas du Sabre, qui remplace avantageusement notre cavalier seul; c'est un spectacle curieux et d'autant plus attrayant qu'il est en notre honneur et pour nous seuls.

Les hommes sont enveloppés de couvertures en laine blanche et marron et armés d'un poignard; les femmes drapées dans des lambeaux fort sales; un teint cuivré cache la régularité de leurs traits, et pourtant, avec cet air de misère, elles sont couvertes de bracelets, de bagues, de colliers qu'elles nous vendent au poids de l'or.

La journée a été rude, nos chevaux sont tellement fatigués qu'ils dorment étendus sur le flanc, les membres allongés. Nous avions fait soixante kilomètres environ par des chemins inouis et une chaleur écrasante.

Vendredi 14 janvier. — Cette nuit, les chacals ont été indiscrets, ils sont venus tout près de nos tentes pousser leurs glapissements lugubres, et leur présence si rapprochée a tenu en éveil nos pauvres chevaux qui n'ont fait que hennir.

Le temps est gris, mais pas de pluie. Nous partons vers huit heures sans emporter la moindre rose de Jéricho; cette plante, qui n'existe plus ici d'ailleurs qu'à l'état de légende, pousse seulement dans quelques parties sablonneuses de la Syrie et de l'Arabie.

Laissant à gauche la fontaine d'Élisée, située au pied du mont de la Quarantaine sur lequel Jésus-

Christ jeûna pendant quarante jours et quarante nuits, nous commençons à gravir la montagne par des chemins détestables où nos chevaux font des tours de force pour ne pas tomber, et nous donnons un dernier coup d'œil à la plaine de Jéricho dont la terre est excellente et que les eaux du Jourdain et celles de la fontaine d'Élisée pourraient rendre très-fertile. Un travail intelligent y rétablirait la vraie Terre-Promise. On y récolterait en abondance le riz, la canne à sucre, l'indigo, le mûrier, le lin, etc. Malheureusement le brigandage des Bédouins campés de l'autre côté du Jourdain et le manque de voies de communication arrêtent toute initiative : les gens du pays se contentent de semer un peu de froment, de pastèques et de doura pour leur subsistance. La plaine est aussi parsemée de broussailles et d'arbres épineux sur lesquels poussent deux fruits, l'un pareil à de petites cerises blanches, l'autre assez semblable à l'olive.

Nous passons de temps à autre à côté de *tumuli* grossiers, élevés aux places où le sang a coulé dans les luttes des tribus bédouines, luttes encore fréquentes aujourd'hui. Puis nous arrivons aux ruines de l'hôtellerie où le bon Samaritain de l'Écriture transporta le juif blessé, et enfin à la fontaine des Apôtres à laquelle

Jésus-Christ s'arrêtait en allant de Jérusalem à Jéricho.

A Béthanie, nous visitons le tombeau de Lazare au fond d'une grotte souterraine, l'emplacement de la maison de Simon le lépreux, et près du village, la pierre où Jésus-Christ était en prière quand Marthe vint lui annoncer la mort de Lazare. Une descente très-rapide nous mène dans la vallée de Josaphat, derrière le tombeau d'Absalon, le jardin de Gethsemani, le tombeau de la Vierge, et nous montons par la pente opposée à Jérusalem, où nous entrons par la porte Saint-Étienne, en laissant à notre gauche les oliviers plantés sur le lieu de lapidation du saint.

Notre journée se termine par un spectacle étrange, les pleurs des juifs. Tous les vendredis vers quatre heures, les juifs viennent prier et pleurer les maux qui les accablent depuis dix-neuf siècles, au mur de Salomon, dernier reste authentique de l'ancien temple. Ils y versent de véritables larmes, en s'y appuyant avec le plus grand respect et ils récitent ou chantent en chœur les prières suivantes :

LE RABBIN. — A cause du palais qui est dévasté. . . . .
LE PEUPLE. — Nous sommes assis solitairement et nous pleurons. . .

Le Rabbin. — A cause du temple qui est détruit. . . . . . .
Le Peuple. — Nous sommes assis. . . . .
Le Rabbin. — A cause des murs qui sont abattus. . . . . . .
Le Peuple. — Nous sommes assis. . . . .
    Etc. . . etc. . .

Le Rabbin. — Nous vous en supplions, ayez pitié de Sion.
Le Peuple. — Rassemblez les enfants de Jérusalem.
Le Rabbin. — Hâtez-vous, hâtez-vous, sauveur de Sion.
Le Peuple. — Parlez en faveur de Jérusalem.
    Etc. . . etc. . .

Des femmes juives en turban nous rappellent, par leur costume, *Rachel* dans l'opéra d'Halévy, et quelques hommes, cheveux longs, grande barbe et bonnets fourrés paraissent être détachés des tableaux d'Holbein.

Les Juifs ont leur quartier à part, leur synagogue, leur bibliothèque. Ils vivent complétement séparés du reste des habitants. Si quelqu'un d'eux vient à mourir, on l'enterre furtivement dans la vallée de Josaphat, à l'ombre du temple de Salomon. Leur misère est grande ; ils attendent le roi qui doit les délivrer, et, après avoir assisté dix-sept fois à la ruine de Jérusalem, ils restent plongés dans leur déplorable aveuglement.

JÉRUSALEM.

Samedi 15 janvier. —Journée de repos, promenade à travers la ville. Achat de chapelets de toute sorte, de croix, d'agnus dei, etc... etc...; la fabrication de ces objets de piété fait vivre un grand nombre de chrétiens et de mahométans de Jérusalem et des environs. Hommes, femmes, enfants y sont occupés sans cesse et tous les ans il en est enlevé des quantités très-considérables sur lesquelles le *motsallam* perçoit des droits à la sortie de la ville.

Dimanche 16 janvier. — Nous allons, Verneaux et moi, entendre la messe à la chapelle catholique du Saint-Sépulcre, placée sur le lieu même où fut cloué sur la croix Notre-Seigneur Jésus-Christ. Les souvenirs du grand événement qui fut la source de notre religion de paix et d'amour viennent en foule se présenter à mon esprit. C'était là que Notre-Seigneur avait accompli son sacrifice et l'œuvre de notre rédemption. Son sang divin avait coulé là pour montrer aux hommes la lumière de la vie éternelle. C'était là le point de départ d'une parole qui a retenti dans le monde entier, d'une idée qui a renouvelé l'univers.

Toutes les impressions pieuses de mon enfance, toutes les prières que m'a enseignées mon excellente mère se réveillent au fond de mon âme et y produisent cet attendrissement qui se traduit par un front incliné et par des yeux mouillés de larmes. Je prie pour tous ceux que j'aimais et que j'aime, demandant pour eux une part de ce salut auquel s'est dévoué le fils de Dieu. Ma prière est ardente et pleine de foi, qu'elle soit entendue et exaucée !

Je redescends ensuite dans l'enceinte de l'église et j'entre une fois encore dans le saint Sépulcre. J'y éprouve de nouveau cette émotion profonde que doit ressentir tout chrétien en face d'un tombeau qui fut le sépulcre du vieux monde et le berceau d'un monde nouveau.

A neuf heures, excursion aux tombeaux des Juges par des sentiers remplis de pierres roulantes au milieu d'oliviers rabougris. Au fond d'un vestibule surmonté d'un magnifique fronton dont le tympan est orné de très-élégants rinceaux de feuillages, de fleurs et de fruits, on pénètre par une petite porte basse et étroite dans une salle sépulcrale carrée, où sont placées deux rangées superposées de trous funéraires rappelant les hypogées d'Égypte. D'autres salles contenant aussi des loges funèbres communiquent avec la première.

Plus loin, au milieu de champs divisés par des

murs en pierres sèches, le tombeau d'Hérode le Grand et de sa famille ; il se compose de trois chambres et d'un souterrain. La disposition est la même qu'aux tombeaux des Juges, mais aucune sculpture ne vient l'embellir.

Dans une large excavation à ciel ouvert, dont le fond forme une espèce de cour où l'on arrive par un escalier taillé dans le roc, s'élève le tombeau des Rois : quels rois? Au-dessus de la porte du vestibule court une frise sculptée avec une délicatesse exquise : c'est au centre une grappe de raisin, l'emblème de la terre promise ; ce sont, à droite et à gauche, des palmes, des couronnes, des triglyphes. Au-dessus de la frise règne une guirlande de feuillages et de fruits dont l'un entre autres rappelle le petit citron d'Égypte. Cette guirlande retombe le long des deux côtés de la porte. On retrouve dans tous ces détails l'alliance du goût de l'Égypte et de celui de la Grèce.

Par l'entrée des caveaux qui se fermaient jadis au moyen d'une grosse pierre provenant de la grotte même, on arrive dans une antichambre carrée remplie de débris de sarcophages.

Deux portes la font communiquer avec des chambres contenant dans leurs parois des loges funèbres.

L'une de ces chambres, dans laquelle on descend par trois marches, a été découverte par M. de Saulcy, qui y a trouvé le sarcophage d'une reine. Il y a encore d'autres demeures sépulcrales dont il est difficile de comprendre le dessin, surtout à la lueur des flambeaux.

Nous rentrons à Jérusalem en passant au mont Bésétha, au-dessous duquel se trouve la grotte de Jérémie, belle, spacieuse et dans laquelle ce prophète composa ses *Lamentations :*

« Comment cette ville si pleine de peuple est-elle maintenant si solitaire et si désolée ? la maîtresse des nations est devenue comme une veuve ! la reine des provinces a été assujettie au tribut !

« O vous tous qui passez par le chemin, considérez et voyez s'il y a une douleur comme la mienne ! etc., etc. »

A une heure, nos chevaux sont sellés et nous partons pour le couvent de Saint-Jean dans le désert. Nous descendons d'abord au couvent de Sainte-Croix ; puis, par des chemins encombrés de cailloux roulants, d'une teinte uniforme gris de cendre, nous atteignons la vallée de Térébinthe où David ramassa dans le lit du torrent les pierres avec lesquelles il tua le géant

Goliath. Pour y arriver, les collines s'abaissent, se relèvent et forment des plateaux pierreux et désolés. Le pays est sans un arbre, sans un brin d'herbe. On semble y retrouver la trace des malédictions divines sur le peuple qui avait méconnu son Dieu et le châtiment des crimes de la postérité de David. Bien certainement la transformation de la Judée autrefois riche et fertile provient de son histoire même.

En approchant de Saint-Jean, quelques vignes pourtant se traînent dans l'intervalle des rochers, quelques chèvres noires broutent sur la montagne semée de roches grises.

Le couvent domine un village assez pittoresque; un peu plus loin s'élève l'église de la Visitation, construite sur l'emplacement de la maison de Zacharie où la Vierge Marie visita sainte Élisabeth (sanctuaire de l'*Ave Maria* et du *Magnificat*). La chapelle est moderne, bâtie sur les ruines de l'ancienne église, et on y a conservé comme chœurs trois grottes ou caveaux datant de la première construction. La tradition rapporte que, dans une de ces grottes, Zacharie cacha saint Jean enfant pour le soustraire au massacre des Innocents ordonné par Hérode.

Nous rencontrons en allant au couvent des franciscains, des femmes d'un type élégant, bien drapées dans leurs tuniques bleues et rouges, et rappelant par leur costume, la Vierge des belles toiles de Fra Beato Angelico, Raphaël, Murillo, etc...

L'église du couvent est jolie, ornée de plaques en faïences italiennes et de quelques beaux tableaux de l'école espagnole. Une chapelle souterraine est placée sur le lieu où naquit saint Jean-Baptiste :

Hic præcursor Domini natus est.

Elle est ornée de médaillons en marbre blanc, représentant les principaux événements de la vie de Saint-Jean.

Une vingtaine de religieux habitent le couvent : ce sont presque tous des Espagnols, simples, obligeants, hospitaliers.

Lundi 17 janvier. — Promenade à la montagne des Oliviers dont les flancs déserts, d'une couleur rouge et sombre, sont presque nus, malgré un certain nombre d'oliviers et des vignes noires a demi desséchées.

Dans la vallée de Josaphat, sillonnée par le torrent du Cédron, dans ce champ de destruction tout couvert par des milliers de tombeaux juifs semés pour ainsi dire au pied de la montagne du Scandale, nous visitons d'abord l'église de l'Assomption ou tombeau de la Vierge. On y entre par un portique d'architecture romane, et un magnifique escalier de quarante-huit marches, voûté en arcs de cloître, conduit à une grotte naturelle, où une chapelle grecque est élevée au-dessus du tombeau. Tout porte à croire que la mère de Dieu a bien été ensevelie là, et non à Éphèse, comme certaines traditions l'admettent.

Au milieu de l'escalier, dans le gros mur du bâtiment, sont placés à gauche et à droite les tombeaux de saint Joseph, de sainte Anne et de saint Joachim.

En sortant de l'église et à gauche du parvis, une impasse mène à la grotte de l'Agonie, où Notre-Seigneur passa les trois mortelles heures qui précédèrent son arrestation. Ce sanctuaire est le seul qui ait conservé sa physionomie naturelle, et il est impossible de ne pas éprouver une vive émotion en touchant la roche nue qui entendit les plaintes du fils de Dieu, en s'agenouillant sur la pierre qui fut arrosée de la sueur de sang tombée du front divin.

A un jet de pierre de cette grotte, le jardin de Gethsémani, entouré de murs, contient de vieux oliviers dont l'un porte le nom de l'arbre de l'Agonie.

La tradition les fait remonter au temps de Jésus-Christ.

Dans tous les cas, ils datent au moins du Bas-Empire; ils payent seulement au fisc la redevance demandée par les musulmans au moment de la conquête, tandis que les autres oliviers plantés depuis cette époque doivent la moitié de leurs fruits.

En dehors du jardin, au sud-est, Jean et Jacques s'assirent pour veiller pendant les prières de Jésus.

Au sud du jardin, dans le chemin de la captivité par lequel arriva Judas, un fragment de colonne indique l'endroit où fut donné le baiser.

En suivant le sentier rocailleux et escarpé qui monte à la montagne des Oliviers, on trouve à gauche un premier sommet dit Mont des hommes de Galilée, où se trouve un lieu consacré à l'endroit où le Saint-Esprit apparut aux apôtres après l'Ascension.

A quatre cents mètres plus haut, sur le sommet du mont des Oliviers, les ruines de l'église octogonale de Sainte-Hélène indiquent la place même où eut lieu l'Ascension, et on y voit une pierre portant l'empreinte du pied gauche de Notre-Seigneur.

A côté des ruines de l'église et du haut du minaret de la mosquée de Zeïtoun, la vue embrasse le plus magnifique panorama sur la vallée de Josaphat, la ville de Jérusalem, la mer Morte, les montagnes de Judée et d'Arabie.

C'est de là que Lamartine a si admirablement peint, avec une couleur et une poésie qui n'appartiennent qu'à lui seul, tout le tableau qui se déroule maintenant sous nos yeux, et ce tableau le voici :

« La montagne des Oliviers, au sommet de laquelle je suis assis, descend en pente brusque et rapide jusque dans le profond abîme qui la sépare de Jérusalem et qui s'appelle la vallée de Josaphat. Du fond de cette sombre et étroite vallée dont les flancs nus sont tachetés de pierres noires et blanches, pierres funèbres de la mort dont ils sont presque tous pavés, s'élève une immense et large colline dont l'inclinaison rapide ressemble à celle d'un haut rempart éboulé; nul arbre n'y peut planter ses racines, nulle mousse même n'y peut accrocher ses filaments; la pente est si roide que la terre et les pierres y croulent sans cesse et elle ne présente à l'œil qu'une surface de poussière aride et desséchée, semblable à des monceaux de cendres jetées du haut de la ville vers le milieu de cette colline ou de ce rempart naturel. De hautes et fortes murailles de pierres larges et non taillées sur leur face extérieure prennent naissance, cachant leurs fondations romaines et hébraïques sous cette cendre même qui recouvre leurs pieds, et s'élèvent ici de cinquante, de cent et plus loin de deux à trois cents pieds au-dessus de cette base de terre. Les murailles sont coupées de trois portes de ville, dont deux sont murées et dont la seule ouverte devant nous semble aussi vide et aussi déserte que si elle ne donnait entrée que dans une ville inhabitée.

« Les murs s'élèvent encore au-dessus de ces portes et soutiennent une large et vaste terrasse qui s'étend sur les deux tiers de la longueur de Jérusalem, du côté qui regarde l'Orient. Cette terrasse peut avoir à vue d'œil mille pieds de long, sur cinq à six cents pieds de large ; elle est d'un niveau à peu près parfait, sauf à son centre où elle se creuse insensiblement comme pour rappeler à l'œil la vallée peu profonde qui séparait jadis la colline de Sion de la ville de Jérusalem.

« Cette magnifique plate-forme, préparée sans doute par la nature, mais évidemment achevée par la main des hommes, était le piédestal sublime sur lequel s'élevait le temple de Salomon ; elle porte aujourd'hui deux mosquées turques : l'une, El-Sakara, au centre de la plate-forme, sur l'emplacement même où devait s'étendre le temple ; l'autre à l'extrémité S.-E. de la terrasse touchant aux murs de la ville. La mosquée d'Omar ou El-Sakara, édifice admirable d'architecture arabe, est un bloc de pierre et de marbre d'immenses dimensions, à huit pans, chaque pan orné de sept arcades terminées en ogive ; au-dessus de ce premier ordre d'architecture, un toit en terrasse, d'où part tout un autre ordre d'arcades plus rétrécies, terminées par un dôme gracieux couvert en cuivre, autrefois doré. Les murs de la mosquée sont revêtus d'émail bleu ; à droite et à gauche, s'étendent de larges parois terminées par de légères colonnades mauresques correspondant aux huit portes de la mosquée. Au delà de ces arches détachées de tout autre édifice, les plates-formes continuent et se terminent, l'une à la partie nord de la ville, l'autre aux murs du côté du midi. De hauts cyprès disséminés comme au hasard, quelques oliviers et des arbustes verts et gracieux, croissent çà et là entre les mosquées, relèvent leur élégante architecture et la couleur éclatante de leurs murailles par la forme pyramidale et la sombre verdure qui se découpent sur la façade des temples et des dômes de la ville. Au delà des deux mosquées et de l'emplacement du Temple, Jérusalem tout entière s'étend et jaillit, pour ainsi dire, devant nous, sans que l'œil puisse en perdre un toit ou une pierre, et comme le plan d'une ville en relief que l'artiste étalerait sur une table. Cette ville, non pas comme on nous l'a représentée, amas informe et confus de ruines et de cendres sur lequel sont jetées quelques chaumières d'Arabes ou plantées quelques tentes de Bédouins; non pas comme Athènes, chaos de poussière et de murs écroulés où le voyageur cherche en vain l'ombre des édifices, la trace des rues, la vision d'une ville : mais ville brillante de lumière et de couleur, présentant noblement aux regards ses murs intacts et crénelés, sa mosquée bleue avec ses colonnades blanches, ses milliers de dômes resplendissants sur lesquels la lumière d'un soleil d'automne tombe et rejaillit en vapeur éblouissante; les façades de ses maisons teintes par le temps et par les étés de la couleur jaune et dorée des édifices de Pœstum ou de Rome; ses vieilles tours, gardiennes de ses murailles, auxquelles il ne manque ni une pierre, ni une meurtrière, ni un créneau ; et enfin, au milieu de cet océan de maisons et de cette nuée de petits dômes qui les recouvrent, un dôme noir et surbaissé, plus large que les autres, dominé par un autre dôme blanc : c'est le Saint-Sépulcre et le Calvaire! Ils sont confondus et comme noyés, de là, dans l'immense dédale de dômes, d'édifices et de rues qui les environnent, et il est difficile de se rendre compte ainsi de l'emplacement du Calvaire et de celui du Sépulcre, qui, selon les idées que nous donne l'Évangile, devraient se trouver sur une colline écartée, hors des murs et non dans le centre de Jérusalem. La ville, rétrécie du côté de Sion, se sera sans doute agrandie du côté du nord pour embrasser dans son enceinte les deux sites qui font sa honte et sa gloire : le site du supplice du juste et celui de la résurrection de l'Homme-Dieu! Voilà la ville du haut de la Montagne des Oliviers. Elle n'a pas d'horizon derrière elle, ni du côté de l'occident, ni du côté du nord. La ligne de ses murs et de ses tours, les aiguilles de ses nombreux minarets, les cintres de ses dômes éclatants se découpent à nu et crûment sur le bleu d'un ciel d'Orient, et la ville, ainsi portée et présentée sur son plateau large et élevé, semble briller encore de toute l'antique splendeur de ses prophéties, où n'attendre qu'une parole pour sortir tout éblouissante de ses dix-sept ruines successives et devenir cette *Jéru-*

salem qui sort du sein du désert brillante de clarté ! »

Sur le sommet du Mont des Oliviers, là où Notre-Seigneur enseigna le *Pater noster* à ses disciples, la princesse de la Tour d'Auvergne, qui a rendu à la France ce lieu perdu pour les catholiques après que les croisés furent chassés de Jérusalem, nous montre elle-même et dans les plus grands détails, le cloître qu'elle vient de faire bâtir, sur les plans d'un élève de Viollet-le-Duc.

Les galeries du cloître seront garnies de plaques de faïence sur lesquelles le *Pater* sera écrit en trente-deux langues.

La princesse habite un joli chalet, dont elle nous fait les honneurs avec une grâce parfaite. Elle est entourée d'objets de toutes sortes, les uns trouvés dans l'ancienne église de Sainte-Hélène, les autres, qui sont tout simplement les bibelots d'une femme de goût, laquelle, malgré sa solitude, n'a pas renoncé à ces mille riens de la vie élégante.

Singulière femme que cette princesse! qui vient à son âge s'établir sur le Mont des Oliviers, y vivre en sainte dans un cloître où elle est seule, et où elle fait construire sous ses yeux le tombeau dans lequel elle reposera un jour!

Nous redescendons, à travers les oliviers, au tombeau des Prophètes composé de galeries voûtées et circulaires creusées dans le roc, puis nous rentrons à Jérusalem par la porte Saint-Étienne, gardée par ses lions héraldiques rappelant les lions persans.

A la fin de la journée, le fidèle Albengo nous mène faire bénir tous nos chapelets et chercher le brevet de pèlerin que chacun de nous reçoit avant de quitter la ville sainte.

« In dei nomine amen.

« Omnibus et singulis præsentes inspecturis, lecturis vel legi audituris fidem, notum que facimus, nos Terræ Sanctæ custos, devotum peregrinum, illustrissimum dominum *Renatum vice comitem de Savigny de Moncorps,* parisiensem, Jerusalem feliciter pervenisse die 10 januarii anni 1870, inde subsequentibus diebus præcipua sanctuaria, in quibus mundi salvator dilectum populum suum, immo et totius humani generis perditam congeriem ab inferi servitute misericorditer liberavit, utpote calvarium, ubi cruci affixus, devicta morte, cœli januas nobis aperuit, S. S. Sepulcrum, ubi sacrosanctum ejus corpus reconditum, triduo ante suam gloriosissimam resurrectionem quievit, ac tandem ea omnia sacra Palestinæ loca gressibus domini, ac beatissimæ ejus matris Mariæ consecrata, a religiosis nostris, et peregrinis visitari solita, visitasse.

« In quorum fidem has scripturas officii nostri sigillo munitas per secretarium expediri mandavimus.

« Datis Jerusalem ex venerabili nostro conventu S. S. Salvatoris die 17 januarii 1870.

« Fr. Camillus a Rutiliano
« Pro-secretarius Terræ Sanctæ. »

Mardi 18 janvier. — A sept heures et demie, départ pour Ramleh. La route que nous avons déjà parcourue nous paraît longue et cependant nos chevaux sont bons et vigoureux. A quatre heures, arrivée chez les bons Pères qui nous donnent l'hospitalité jusqu'au lendemain.

Mercredi 19 janvier. — Un vent furieux souffle à travers les branches du palmier du couvent. Pourrons-nous embarquer aujourd'hui ? Cette pensée nous inquiète et nous ne sommes rassurés qu'en arrivant à Jaffa, où nous trouvons deux officiers du *Niémen*, descendus à terre pour apporter à M. Philibert des nouvelles de la France, ce cher pays que l'on aime plus encore quand on en est éloigné. Comme je comprends mieux maintenant l'amour de cette patrie, où j'ai laissé mes plus chères affections, où je sais que tous ceux que j'aime ne cessent de penser à moi!

V

BEYROUTH — DAMAS — CHYPRE
RHODES — SMYRNE — ÉPHÈSE — LES DARDANELLES
LA MER DE MARMARA

V.

Jeudi 20 janvier. — Le vent s'est élevé vers dix heures du soir et a duré une partie de la nuit. Mais le *Niémen* est bien construit et supporte admirablement les gros temps. Nous mouillons à sept heures du matin dans la rade de Beyrouth, et là, j'admire, en face de moi, la ville bâtie sur une colline qui descend vers la mer et qui s'appuie à gauche sur les montagnes du Liban dont les sommets sont couverts de neige. Une riche végétation couvre les collines environnantes. Ce ne sont partout que mûriers blancs, platanes et pins parasols. Beyrouth ressemble, suivant une expression orientale, à une charmante sultane accoudée sur un coussin vert et regardant les flots dans sa rêveuse indolence. Les maisons s'élèvent en amphithéâtre, les unes à toits plats, surmontées de balustrades en bois, les autres percées d'élégantes fenêtres à ogives. Les minarets, les dômes des palais, les têtes de palmiers, aux rameaux souples et gracieux, les tons harmonieux des couleurs, tout cela, sous un ciel pur, forme un ensemble délicieux.

Nous débarquons à huit heures, en passant près du vieux fort bombardé par les Anglais en 1840; et, par un dédale de ruelles en pente, comme dans la plupart des autres villes d'Orient, par des bazars d'une physionomie curieuse, surtout celui aux légumes, nous arrivons à l'hôtel Bellevue situé au bord de la mer. De la terrasse, la vue est merveilleuse ; c'est la mer bleue jusqu'à un horizon lointain, ce sont de nombreux bateaux qui se balancent mollement sur les flots agités.

> Que la mer soit tranquille, ou qu'un flot écumant
>   Vienne en courroux frapper la plage,
> Tout plaît au spectateur assis sur le rivage;
>   Le moindre objet apparent :
>   Une barque que la rame
>   Fait résister à la lame,
>   Un bâtiment gracieux

BEYROUTH.

Qui se joue au milieu des vents et des orages
Et s'apprête à lutter de vitesse avec eux ;
Plus loin ces oiseaux sauvages
Reposés sur la vague ou planant dans les cieux,
Tout charme, tout distrait, tout occupe la vue.

DE SAVIGNY (*fable* IX).

La duchesse de Chevreuse, son fils le duc de Chaulnes, MM. de Lillers et d'Etchegoyen sont ici ; ils ont fait à cheval tout le voyage de Syrie et s'embarquent ce soir sur le *Niémen*, qui doit les conduire à Constantinople par Smyrne et toute la côte d'Asie. Nous dînons ensemble, et la duchesse, femme courageuse s'il en fût jamais, si éprouvée déjà dans ses plus chères affections, me demande tous les détails que je connais sur les derniers moments de Louis de la Rochefoucauld, beau-frère de son fils aîné le duc de Luynes. J'avais eu l'extrême chagrin de le voir s'éteindre de jour en jour dans la haute Égypte, j'avais pu lui serrer la main le matin même du cruel malheur qui vint si douloureusement pour nous finir l'année 1869. Il s'en était fallu d'une heure seulement que Saint-Priest, Monstiers et moi, n'ayions fermé les yeux à ce charmant enfant que la mort enlevait si jeune et si loin des siens à une existence brillante, à un avenir tout rempli de promesses.

Vendredi 21 janvier. — Depuis quelque temps déjà, une belle route bien large, serpentant par mille lacets à travers le Liban et l'Antiliban, a été ouverte entre Beyrouth et Damas. C'est cette route que nous suivons par la diligence qui fait tous les jours le service entre ces deux villes. L'attelage se compose de trois mules dans le brancard et trois chevaux de volée, le tout propre, bien harnaché et aussi très-bien mené. Pendant sept heures d'abord, nous franchissons le Liban par des pentes fort raides qui mènent à des plateaux fertiles et tempérés, puis à des sommets boisés et neigeux ; des pics élevés, inabordables, se détachent du groupe des montagnes qui forment aussi de longues et creuses vallées dans lesquelles viennent les arbres de toutes les températures : au fond le cotonnier, l'aloës et le palmier ; plus haut les figuiers et la vigne, les platanes et les pins parasols, plus haut encore les sycomores et les cèdres. — Chaque montagne, selon les poëtes arabes, porte l'hiver sur sa tête, le printemps sur ses épaules, l'automne dans son sein, tandis que l'été dort nonchalamment à ses pieds. — Quelques villages à maisons blanches, à toits plats et peu élevés sont joliment plantés sur le flanc des montagnes.

De temps à autre, on s'arrête pour relayer, à une écurie en pierre à côté de laquelle s'élève un abri pour les cavaliers; un peintre y trouverait à faire de jolis tableaux de halte, tout brillants de couleur locale. La route est animée; nous croisons souvent des cavaliers montés sur des chevaux syriens, et des chariots traînés par de jolies mules cheminant à la file et conduites par de beaux montagnards en vestes de gros drap blanches ou brunes soutachées de noir et en pantalons bouffants dans des bottes molles ou des guêtres brodées; leur tête est couverte de *couffies* retenues sous le menton par des cordons tissés en poil de chameau.

Le temps est chargé de brouillard, très-humide et nous avons de la neige avant d'atteindre le sommet du Liban, d'où nous descendons avec une effrayante rapidité pour arriver à *Stora,* situé à l'entrée d'une plaine large et fertile qui s'étend entre les deux chaînes parallèles. A peu de distance les uns des autres, des poteaux semblables à ceux des lignes télégraphiques, sont plantés au bord de la route du côté du précipice, pour en indiquer tous les contours, quand la montagne est recouverte d'une épaisse couche de neige.

Après avoir parcouru cinq ou six lieues dans cette plaine de Bekra, nous passons l'Antiliban, dont les escarpements sont rocheux et dénudés. A quatre heures, un formidable orage éclate au-dessus de nos têtes, la pluie tombe à torrents, les éclairs sillonnent la nue et le roulement du tonnerre qui se répète dans la montagne a quelque chose d'imposant. L'Antiliban franchi, la route court dans une gorge, au milieu de grands jardins et d'énormes vergers arrosés par un torrent. Malheureusement la nuit est venue, nous ne pouvons guère jouir de l'entrée à Damas, qui doit être ravissante au printemps, et c'est dans une obscurité profonde, dans une boue indescriptible que, poussant devant nous sept malheureux porteurs qui plient sous nos bagages, nous arrivons à l'hôtel où nous débutons par une dispute amusante avec Dimitri Kara. Enfin tout s'arrange ; après mille pourparlers dans toutes les langues, nous avons chacun une chambre ; elle est glaciale, c'est vrai, mais nous y dormirons sous des masses de couvertures amoncelées sur nos lits.

Samedi 22 janvier. — Ma chambre donne dans une galerie au-dessus de la cour dallée en marbre, au milieu de laquelle un massif d'orangers et de citronniers couverts de leurs fruits, entoure une jolie fontaine jaillissante. Dans cette cour, des portes sculptées en arabesques ouvrent sur un salon d'été avec son bassin, son jet d'eau, son divan circulaire, et en face, sur un autre salon meublé avec richesse et élégance. De beaux tapis de Perse recouvrent cette salle, où l'on peut tout à son aise, sur de nombreux coussins de soie épars dans l'appartement, faire son *kief,* c'est-à-dire s'abandonner à cette demi-somnolence qui permet à l'esprit d'errer parmi tous les songes.

Mais nous n'avons pas le temps de séjourner dans ce délicieux *retiro,* et notre drogman Antonio nous conduit à travers la ville, par le marché aux chevaux et la rue du Sérail, au milieu d'une foule bigarrée, remuante, une véritable fourmilière humaine. — Les costumes sont variés à l'infini : des Arméniens enveloppés de longues pelisses de soie fourrées, des Arabes au teint hâlé, à la barbe noire, drapés dans des couvertures blanches et marron, des mouckres dans leurs vestes d'étoffe brune brodées de bleu ou de noir, des paysans vêtus d'abbayehs aux couleurs éclatantes. — Les femmes sont généralement en blanc, le visage entièrement caché par des voiles à fleurs de couleur. Nous passons par les bazars, qui sont tout simplement de larges rues couvertes et bordées de boutiques dans lesquelles le marchand est assis sur ses talons, la pipe à la bouche, le narghilé à ses côtés. Comme au Caire, les bazars sont divisés par quartiers : celui des armes, où l'on ne trouve plus les fameuses lames de Damas, celui des étoffes de soie de Brousse, celui des bijoutiers, ceux-ci sans aucun goût dans l'art de monter leurs perles et leurs pierres précieuses. L'art si élégant et si pur des Arabes ne semble avoir laissé que fort peu de traces. Les selliers, au contraire, sont fort habiles et la richesse des selles garnies de velours, l'élégance des brides en maroquin, ornées de glands de soie ou d'or, indiquent assez le luxe des Orientaux dans le harnachement de leurs chevaux, pour lesquels ils ont un vrai culte.

Bien curieux sont aussi les bazars des légumes et fruits secs, ceux de la confiserie où domine le *Rahat-le-Koûm*, sorte de pâte molle, sucrée et amidonnée qui fait boire le *Cherbet* rosé, et bien charmants tous les coffrets en bois de cèdre incrustés de nacre.

Damas est la ville orientale par excellence, l'élément européen y étant complétement nul. — C'est une vaste manufacture, où l'on fabrique en quantité des produits se rattachant à toutes les branches de l'industrie et du commerce.

Les marchandises sont placées dans d'immenses *okels* ou entrepôts, dont l'un surtout est remarquablement beau. On y entre par une belle porte d'architecture arabe. C'est le khan d'Hassad-Pachad, dont la vaste coupole est portée par quatre colonnes en marbre à assises alternativement noires et blanches. Les magasins sont au rez-de-chaussée, et c'est là qu'on décharge les chameaux des caravanes venant de Bagdad. Il y a, pendant que nous y sommes, un arrivage de splendides tapis de Perse. Les étages supérieurs sont occupés par des magasins de détail pour ainsi dire, et les logements des marchands.

Aujourd'hui samedi, nous pouvons visiter le quartier juif; nous allons en voir la plus belle maison, celle de la famille *Lisbonna*. Comme toutes les autres maisons de Damas, celle-ci n'a aucune apparence extérieure. On entre par une porte basse dans une petite cour, qui communique par un long couloir avec la véritable cour dallée en marbre, et incessamment rafraîchie par sa fontaine aux jets d'eau murmurants.

Un vestibule en retraite, surmonté d'une voûte

ogivale, très-orné d'arabesques, de peintures, de faïences et aussi de glaces à facettes, donne accès aux pièces de *gala*. L'une d'elles a sur ses murs de petits temples à colonnettes en marbre sculpté à jour. Des socles en albâtre portent des cassolettes de parfums; des bouquets de fleurs peintes, des fresques à sujets variés, sont répandus à profusion au plafond, aux lambris et sur les corniches. — Le style est plutôt persan qu'arabe. — Les maîtres de la maison, tous richement vêtus, nous reçoivent avec la plus grande affabilité. Mme Lisbonna, jeune femme fort jolie, d'un embonpoint trop prononcé peut-être — mais c'est là le genre de beauté des femmes de l'Orient — porte une toque de velours chargée de diamants et de fleurs, en plein jour! Sa démarche est lente, ses gestes ne manquent pas d'une certaine majesté.

De la terrasse de la maison, on peut se rendre un compte bien exact de la position de Damas, située au pied de l'Antiliban à l'est. A l'ouest, une plaine immense s'étend jusqu'aux montagnes Noires, derrière lesquelles commence le désert. Les sommets du Liban sont couverts de neige, les cimes des cyprès et des autres grands arbres qui s'élèvent au-dessus des jardins, dépassent les murailles et les tours.

Sur les terrasses voisines, toutes les familles juives *endimanchées* nous regardent avec un étonnement et une curiosité comiques, ce qui ne nous empêche pas, après avoir cordialement remercié les Lisbonna de leur gracieux accueil, d'aller faire un détestable déjeuner.

Ensuite à âne, et d'abord chez le consul de France, M. Roustan, qui nous promet son interprète pour nous mener chez Abd-el-Kader, et des kawas pour nous faire entrer dans la grande mosquée. Puis visite au campement des caravanes qui arrivent de Bagdad : plus de trois mille chameaux sont réunis sur des terrains vagues, en dehors de la ville; quelques Bédouins sont accroupis sous leurs tentes, d'autres préparent la nourriture de leurs animaux, nourriture qui consiste en grosses boules d'une pâtée que le chameau seul est capable de digérer. Il leur a fallu quarante jours pour venir de Bagdad. Sobre et infatigable, le chameau fournit sans défaillance les plus longues courses. On l'a comparé souvent à un navire sur une mer de sable. Seulement il proteste toujours, tout en obéissant aux volontés de l'homme. Est-il debout, il grogne pour se coucher, il grogne quand on le décharge aussi bien que quand on le charge. Quand il a protesté à sa manière, il a la conscience tranquille et il s'arme de patience.

Nous rentrons à Damas par le quartier chrétien, où nous voyons encore une riche demeure, appartenant à un Arabe converti : même genre que celle de ce matin, mais plus grande et plus riche. — Nous traversons les rues étroites du quartier des Baisers, et puis par un escalier d'au moins vingt-cinq marches, nos ânes nous hissent jusqu'aux bazars, où il est impossible de ne pas flâner un brin. Quelle charmante manière de perdre son temps! et que Topffer, ce spirituel écrivain, si plein d'humour, a laissé tomber de sa plume de jolies pages sur la flânerie! « Imaginez un homme qui n'ait jamais passé par là? qu'est-il, que peut-il être?..... Oui, la flânerie est chose nécessaire..... Socrate flâna des années, Rousseau jusqu'à quarante ans, La Fontaine toute sa vie... »

Nous avions marché toute la journée sur les chiens qui littéralement encombrent les rues. Les musulmans, superstitieux à l'excès, ne veulent pas les détruire, et souvent même dans quelques circonstances de leur vie ils font le vœu de consacrer un certain nombre de piastres à la nourriture de ces animaux, qui pullulent dans tous les quartiers de la ville. Chose singulière, ces chiens ont chacun leur quartier, qu'ils ne peuvent quitter sans courir le risque d'être dévorés par les autres.

Dimanche 23 janvier. — L'interprète du consulat de France, M. Donato, grand beau garçon, jeune et intelligent, nous conduit chez Abd-el-Kader, auquel Verneaux et moi avions déjà été présentés à Port-Saïd. L'émir nous avait gracieusement prié de ne pas l'oublier à Damas, et nous ne voulions pour rien au monde manquer de voir dans sa vie privée celui qui eut un si grand rôle dans l'histoire de l'Algérie. Abd-el-Kader nous reçoit avec une très-haute politesse. Quoique très-simplement vêtu dans une pelisse de couleur sombre, il a très-grand air ; sa barbe est d'un beau noir et ses yeux au regard doux et un peu voilé doivent à certains moments lancer des éclairs ; il est de taille moyenne, svelte, bien bâti et étonnamment bien conservé pour son âge, si l'on songe surtout à sa jeunesse active. Il comprend très-bien la langue française, mais affecte de ne parler qu'arabe. La conversation est toute amicale et roule principalement sur MM. Jules de Lesseps et le comte G. de Villeneuve-Chenonceaux, son voisin, au moment de sa captivité au château d'Amboise. — Il nous charge de tous ses souvenirs pour eux, met à notre disposition sa voiture pour nos excursions autour de Damas et nous donne à chacun une belle photographie signée de lui. La maison dans laquelle il nous reçoit est spécialement destinée aux visiteurs; d'autres qui communiquent avec celle-ci sont pour son harem, ceux de ses fils, son habitation et la leur. Il y entretient aussi, avec les cent cinquante mille francs de rente que lui fait la France, d'anciens serviteurs en assez grand nombre.

A deux heures, deux superbes kawas du consulat, veste rouge brodée d'or, pantalon bouffant dans les bottes, sabre recourbé au côté, nous mènent à la grande mosquée, impénétrable aux chrétiens il y a peu d'années encore. Ils nous font traverser la citadelle, où on avait offert aux maronites un asile assez perfide au moment du massacre de Syrie (1860). On se disposait à les exterminer, quand arriva de Beyrouth une dépêche annonçant le débarquement du corps expéditionnaire français. La mosquée, complétement enclavée dans le bazar, occupe l'emplacement d'une église byzantine, bâtie elle-même sur celui d'un temple du Soleil. On retrouve la trace de ces origines dans une masse de belles colonnes grecques en pierre et en marbre, et des fragments de mosaïques épars un peu de tous les côtés. La cour est immense; elle renferme sa fontaine et un petit pavillon octogonal, supporté par de vieilles colonnes qu'on dit provenir de l'ancien temple. Dans ce pavillon muré, les musulmans auraient renfermé depuis plusieurs siècles les vieux livres de cet ancien temple. Dans l'intérieur de la mosquée se trouve, et c'est encore une tradition, la tête de saint Jean. Rien n'est moins sûr, mais les musulmans qui honorent tout particulièrement ce grand saint, ont construit là une sorte de chapelle au-dessus du caveau.

Du haut du plus élevé des minarets, notre regard embrasse Damas tout entier et le pays compris entre la chaîne de l'Antiliban et celle des montagnes Noires au delà desquelles les yeux de la foi aperçoivent Bagdad et le désert. Nous dominons la ville, et nous avons sous les yeux un tableau aussi varié que curieux. Il se compose de presque autant d'arbres que de maisons. Ici une ligne de cyprès, c'est une promenade; là une suite prolongée d'arcades mauresques, c'est un bazar; puis un groupe de palmiers qui balancent leurs têtes gracieuses au-dessus des bassins en demi-cercle d'une fontaine monumentale; enfin plus de mille coupoles avec leurs croissants de cuivre au sommet et leurs minarets aigus sur leurs flancs. C'est un véritable labyrinthe de maisons à toits plats, de terrasses fleuries, de grands arbres et de beaux jardins que nous perdons beaucoup à ne pas voir au printemps. Beaucoup d'arbres sont aujourd'hui sans feuilles et ôtent ainsi à la ville ce cachet particulier d'une ville orientale dans une campagne de France fertile et verdoyante.

Lundi 24 janvier. — Nos belles résolutions d'économie dans les bazars s'en vont en fumée et nous passons de bonnes heures entre une turquoise, un poignard, un abbayeh et une ceinture de soie. Un vieux fripier a des broderies qui nous font tourner la tête, et un peu plus loin, au khan Hassad-Pacha, ce sont les tapis tout frais arrivés de Perse et de Caramanie. Et puis, ce khan est si joli, avec sa porte finement sculptée, ses colonnes et ses petites coupoles en marbre blanc et noir! Tous les ballots de marchandises y sont apportés par les chameaux, qui vont et viennent au milieu de marchands juifs, chrétiens et musulmans. On se croirait acteur dans un conte des *Mille et une Nuits*.

Dans la journée, visite au docteur Nicora, attaché depuis nombre d'années à la personne d'Abd-el-Kader. Corse de naissance, Français de cœur, c'est un type curieux : jurant, sacrant, pestant, vif comme un poisson, gai comme quatre et amusant au possible; il a connu autrefois à Rome des membres de la famille Bonaparte et nous donne d'intéressants détails sur la jeunesse du prince Pierre, celui qui vient de brûler la cervelle au journaliste Victor Noir.

A six heures, représentation de Karagheuz, le polichinelle oriental. Ce sont de vraies ombres chinoises, mais teintes de couleurs transparentes comme dans les lanternes magiques. Un vieux Turc sert à la fois de caisse et de contrôle; l'assistance est nombreuse, et une fumée épaisse s'élève en spirales des pipes et des narghilés des spectateurs accroupis ou assis sur des tabourets bas. Un tambour de basque sert d'orchestre, et quelques mèches fumeuses éclairent la salle, indiquée à l'extérieur par une seule lumière. Le rôle principal est tenu par Karagheuz, personnage à figure grotesque, au nez recourbé sur un menton de galoche, et dont la figure de profil est ornée du plus bel œil de face qu'on puisse imaginer. Antonio nous explique les passages saillants des dialogues, qui excitent l'hilarité générale. Beaucoup de gravelures qui amusent énormément les damasquins, mais qui nous laissent très-froids. Ce sont les jeux de mots que nous ne pouvons comprendre qui font toute l'animation de la pièce.

Mardi 25 janvier. — Encore une journée de flânerie dans les bazars, complétée encore le soir par la séance quotidienne d'un vieux marchand, Abou-Antica, installé dans le salon de l'hôtel, avec ses ballots de soieries et son sac de bibelots, pendant que d'autres indigènes exécutent ce que nous appelons la *danse du sabre* avec des lames fabriquées en Belgique ou en Angleterre.

Nous avons vu, aujourd'hui, un platane de 22 mètres de circonférence, comme il en existe à peine en Californie, la porte de la Mecque et enfin la maison d'Hassan-Pacha, la plus belle de Damas.

La pluie a rendu impraticables les chemins de Balbeck, et, à notre grand regret, nous ne verrons pas ces admirables ruines! Encore deux jours à rester ici! Que ferons-nous?

Mercredi 26 janvier. — Vu du haut d'un toit (maison d'un bijoutier au bazar) l'extérieur assez complet de la grande mosquée. Un mur romain, une porte à moitié enfouie, mais très-belle, du style gréco-romain; par-dessus tout cela, l'abside de l'église et la coupole de la mosquée, puis l'ancien clocher appelé le minaret de J.-C., voilà la salade architecturale et religieuse de ce curieux monument.

Séance à un marché d'esclaves renfermés dans des cases numérotées ouvrant sur les quatre côtés d'un balcon, au premier étage d'une maison fort ordinaire. Il n'y a que de vieilles négresses, dont l'une est cotée quarante-cinq napoléons!

Jeudi 27 janvier. — Temps affreux, il fait froid et humide, on gèle! Nous avons heureusement la ressource des brasiers appelés *mangales*. Le cuisinier est détestable; il abuse du couscoussou et du hâchis de mouton.

Vendredi 28 janvier. — Départ à quatre heures du matin par une pluie torrentielle. Les montagnes sont plus noires et plus tristes que la semaine dernière. Le temps s'éclaircit deux heures avant notre arrivée à Beyrouth, où je trouve une dépêche de France, me donnant d'excellentes nouvelles de tous ceux que j'aime. *All right!* Ainsi la journée est parfaite. Une violente tempête a régné deux jours sur la Méditerranée, et le bateau russe n'est pas encore arrivé.

Samedi 29 janvier. — Un photographe de Beyrouth fait de nous quatre un groupe dont je me réjouis d'envoyer une épreuve à ma mère, pour lui faire connaître mes charmants compagnons de voyage : *Verneaux*, homme du monde dans toute l'acception du mot, spirituel, fin, causeur fort agréable; il est le boute-en-train de notre quatuor; *Berger*, physionomie et manières très-sympathiques, très-instruit, a beaucoup voyagé et nous intéresse vivement par de curieux récits; *Pailhet*, joyeux garçon, conteur intarissable, principalement dans ce qui touche aux État-Unis; il est marin dans l'âme, et c'est lui que nous consultons toujours sur la question navigation, état de la mer, direction des vents, etc.

Dimanche 30 janvier. — La mer, très-calme le matin, devient tout à coup détestable. Pourvu que l'on puisse s'embarquer demain ! Car à Beyrouth comme à Jaffa, le port n'existe que de nom et les bateaux, à cause du fond de roc, mouillent à une certaine distance du rivage. Quand le temps est trop gros, la mer houleuse, ils sont inabordables et ils vont s'abriter à l'embouchure du fleuve *le Chien*, jusqu'à ce qu'ils puissent lever l'ancre.

La journée est pluvieuse et froide ; il fait un vent horrible qui mêle son bruit au sourd mugissement des flots.

Nous allons chez le consul de France, qui nous reçoit, ainsi que Mme Rousseau, de la façon la plus courtoise. Leur maison est admirablement située aux derniers gradins de l'amphithéâtre de Beyrouth, et la terrasse couverte, à petites colonnettes formant ogives, domine la ville et la mer. Puis à droite, ce sont les édifices pittoresques, les couvents maronites, les mosquées de Beyrouth ; plus loin les montagnes du Liban, prenant mille courbes, se groupant en gigantesques masses, et à gauche des collines d'un sable rouge comme celui des déserts de l'Égypte.

D'énormes salons, d'une grande élévation, sont meublés dans le meilleur goût. De belles jardinières en cuivre garnies de fleurs, de superbes tapis de Perse et une masse de bibelots épars sur les tables de cèdre indiquent la présence d'une femme élégante et habituée aux mille douceurs de la vie. Le cabinet de travail du consul renferme un trophée de magnifiques armes, et dans la salle à manger une quantité de vases de Chine complètent l'ornementation, qui est toute en plaques de faïences. Nous parlons cent fois de la patrie lointaine, de tous ceux que des relations communes peuvent nous rappeler, et nous quittons nos aimables compatriotes en emportant de leur bon accueil un précieux souvenir.

Lundi 31 janvier. — La mer est encore très-mauvaise ; pourtant le bateau du Lloyd autrichien est arrivé et en rade à plus d'un kilomètre de la rive. Ouvrir nos bagages à la douane, les faire transporter dans une petite barque qui doit nous conduire jusqu'à l'*Urano*, partir dans cette vraie coquille de noix sur des vagues grosses comme des maisons et enfin escalader l'escalier du bateau, tirés par un matelot et poussés par deux autres au moment où le canot porté par une vague arrive juste à la hauteur de cet escalier, voilà la première partie de la journée ! Le danger n'a pas été grand, mais c'est égal, on est plus à l'aise sur le pont que sur la barque de tout à l'heure. Des masses de passagers turcs étendus par terre, grouillent à l'avant, où ils interrompent la circulation avec leur cargaison de coffres, de provisions et de vieux habits. Quelques officiers gravement assis sur une natte, fument leur pipe au milieu d'eux. Nous restons jusqu'au soir en extase devant cette ravissante ville de Beyrouth, sur laquelle nous promenons encore nos regards avides et notre pensée rêveuse. Comment peindre ces belles montagnes du Liban, leurs cimes majestueuses et cette campagne couverte d'orangers et de figuiers? Comment décrire un semblable panorama? Après tout ce qu'en a dit Lamartine dans son mélodieux langage, on n'a plus qu'à regarder et à relire les pages qu'il a consacrées à ces lieux qui l'ont si vivement ému.

Mardi 1er février. — A sept heures, le bateau relâche devant l'île de Chypre, à Larnaca, jolie ville située au bord de la mer, sans port, tout comme Jaffa et Beyrouth, mais remplie de délicieuses demeures avec leurs fraîches galeries et leurs verts jardins. Sans descendre à terre, on voit très-bien l'île, fertile dans toutes ses parties, où viennent en abondance oranges, raisins, vignes, olives, etc. Mais plus de ces bosquets de myrtes, plus de ces forêts de fleurs que chantent tous les poëtes de l'antiquité. Les collines où l'on cultive la vigne sont pierreuses et noirâtres, et les rameaux s'étendent sur le sol. Après la récolte, qui se fait avec le plus grand soin, le vin est transporté à Larnaca dans des outres goudronnées, d'où lui vient cette odeur de poix qu'il perd en vieillissant.

Dans l'après-midi, le vent souffle avec violence et nous oblige à rester au salon, dans lequel chacun fait à sa guise ce qu'il veut ou ce qu'il peut. Mme de Pierre travaille à un délicat ouvrage de crochet, de Pierre lit son guide, Chalanyat et Berger jouent au piquet, moi j'écris mon journal et Verneaux a une conférence avec son valet de chambre.

Mercredi 2 février. — Journée monotone en pleine mer. L'*Urano* est le centre d'un cercle immense dont l'horizon forme partout la circonférence :

La mer! partout la mer! Des flots, des flots encor!
L'oiseau fatigue en vain son inégal essor:
   Ici les flots, là bas les ondes;

> Toujours des flots sans fin par des flots repoussés ;
> L'œil ne voit que des flots dans l'abîme entassés
> Rouler dans les vagues profondes.
>
> (Victor Hugo, *Orientales*.)

Le froid est vif, et nous le combattons par les couvertures sous lesquelles nous sommes enfouis. Nous avons d'ailleurs acheté à Beyrouth des pelisses brunes soutachées de noir et complétement doublées de fourrures. C'est chaud, c'est commode, et nous avons tout l'air de mouckres cherchant aventure.

Vers trois heures, la mer tombe sensiblement quand nous passons devant la côte de Caramanie, qui nous préserve du vent. La soirée est belle, le dîner gai, beaucoup de ressuscités sont à table.

Jeudi 3 février. — L'illustration donnée à Rhodes par cet ordre de chevalerie si célèbre au xie siècle, qui avait su maintenir pendant deux siècles, au milieu de l'empire ottoman, l'etendard de l'Europe chrétienne, illustration d'autant plus intéressante pour nous que la France pouvait en revendiquer une bonne part, les souvenirs évoqués par la grande place que notre chère patrie occupait dans cette histoire des chevaliers de

Saint-Jean, avaient surexcité notre imagination, et vite, à la pointe du jour, nous courons sur le pont pour jeter un coup d'œil d'ensemble sur la ville.

Au fond d'un port fermé par un mur flanqué de deux tours, qui, selon la tradition, ont remplacé les rochers ayant servi de base au colosse de cent pieds de haut entre les jambes duquel passaient les plus grands navires, Rhodes s'élève coquette et gracieuse. Les vieux remparts lui donnent un aspect pittoresque, des groupes de palmiers, de légers minarets s'élancent au-dessus des maisons blanches, et, pour servir de fond à ce tableau, des montagnes couvertes de verdure et parsemées de charmantes villas.

A sept heures et demie, la chaloupe est à la mer et nous abordons au quai encombré d'assez vilaines boutiques. Nous allons d'abord à l'ancien hôpital des chevaliers, aujourd'hui une caserne turque, puis nous montons la rue des Chevaliers, toute bordée de maisons à façades gothiques et à pignons aigus. On dirait que toutes ces maisons attendent encore leurs anciens hôtes. Les portes sont closes et chaque façade a conservé ses signes distinctifs : ici une croix, là une fleur de lis, plus loin des devises et des écussons de nos plus illustres familles. C'est une belle page du

RHODES.

livre d'or de la noblesse française, et les armoiries des Villiers de l'Isle-Adam, des Aubusson, la Guiche, Villaret, bien d'autres encore défilent successivement sous nos yeux. Involontairement la pensée recule de trois siècles; elle donne un corps à tous ces noms et repeuple toutes ces demeures. A côté de l'emplacement de l'ancienne église Saint-Jean, détruite par l'explosion de la poudrière qui, en 1856, renversa plus de trois cents maisons, et décrite d'après nature par le dernier voyageur qui ait pu la visiter, M. le comte de Vogüé, nous voyons la grande mosquée dont le portail est fait avec de charmantes colonnes en marbre du style italien de la Renaissance, provenant de l'église ruinée ; puis nous traversons les bazars, la vieille voûte de l'église Sainte-Catherine, l'arsenal où se trouvent encore de vieux canons vénitiens, et nous retournons à bord de l'*Urano*, qui se remet en mouvement à neuf heures, pour suivre le chenal entre la côte d'Anatolie et la côte nord-ouest de l'île. Les côtes asiatiques sont nues, rocheuses, très-découpées et bornées au loin par de belles montagnes couvertes de neige. La navigation dans les nombreuses passes de l'Archipel est idéale aujourd'hui, sur une mer unie comme une glace et d'un beau bleu d'azur. Nous passons entre Cos, la patrie d'Hippocrate et d'Apelles, Halicarnasse, où les chevaliers de Rhodes bâtirent la forteresse de Boudroûm, puis au travers d'une quantité d'îlots arides, dénudés, parmi lesquels je n'oublierai ni Samos, lieu de naissance de Pythagore, ni Pathmos, où saint Jean composa l'*Apocalypse*, ni Chio, où le bateau relâche pendant trois heures! Toutes ces îles sont là, autour de nous, dispersées sur l'azur des flots comme les astres sur l'azur du ciel. C'est à faire tressaillir de joie le cœur d'un helléniste.

Vendredi 4 février. — Vers dix heures, nous entrons dans le golfe de Smyrne, entouré de hauts groupes de montagnes qui l'abritent contre les vents. Au fond de cette magnifique baie, d'environ douze lieues de long sur quatre ou cinq de large, apparaît, au milieu d'une forêt de mâts, Smyrne, *il fiore del Levante*, qui s'étend en amphithéâtre en descendant des pentes du Pagus jusqu'aux rives de la mer. Au premier plan, une grande caserne, des coupoles nombreuses; à gauche, le quartier des Européens; en seconde ligne, la ville turque couronnée par le vieux château génois, et à l'horizon les montagnes bleues de l'Asie Mineure. Il y a à l'ancre, dans le port, une quantité énorme de navires portant le pavillon de toutes les nations, et de jolis canots, de légers caïques sillonnent la rade dans tous les sens.

Nous descendons à terre pour parcourir la ville, qui paraît fort importante au point de vue commercial (et, en effet, c'est la première échelle du Levant), mais sans grand intérêt pour le touriste. Les rues, sauf celle des Roses, sont plutôt des passages sombres, des ruelles étroites, tortueuses et mal pavées. On y rencontre plus d'Européens que de Levantins, plus de chapeaux que de turbans, et sans les chameaux chargés de ballots, qui, gênant la circulation, s'avancent pas à pas les uns derrière les autres, en suivant lentement leur guide monté sur un âne, on ne se croirait pas en Orient. Smyrne n'a plus la physionomie du Caire ni celle de Damas. On y vit plus près des usages et des tendances de l'Europe, et cela se traduit par de nombreux cafés chantants, un théâtre grec, un journal imprimé en français, etc...

Au fond de la ville, à l'extrémité des faubourgs parsemés de massifs de cyprès et de jardins d'orangers, *le vieux pont des Caravanes* est jeté sur un ruisseau qui passe pour être le Mélès, sur les bords duquel Crithéïs donna le jour à Homère, illustration contestée à Smyrne, par Chio, Rhodes et d'autres lieux encore.

Le soir, l'aspect de la rade, éclairée par un splendide clair de lune et par les lumières étincelantes de la ville, est vraiment féerique et nous fait rester longtemps en admiration sur le pont de l'*Urano*.

Samedi 5 février. — « Quand on prend du galon, on n'en saurait trop prendre; » aussi avons-nous commandé à la gare du chemin de fer d'Aïdin un train spécial pour nous conduire à Éphèse. Nous sommes en tout quatorze : de Pierre, Chalanyat, Berger, Verneaux, MM. de Senarclans, Lohman et Dix, M. et Mme Clarcke et leur charmant petit garçon, deux de leurs amis et moi. Nous partons à sept heures, contournons la ville au sud, passons près du pont des Caravanes et de l'église du martyre de saint Polycarpe, pour nous engager dans une large vallée coupée d'aqueducs romains qui amènent les eaux douces à Smyrne et s'étendent entre deux chaînes de montagnes pittoresques, verdoyantes et bien cultivées. C'est au fond de cette vallée que coule le fameux Mélès. Nous traversons quelques villages, des campements de Bédouins et le plus beau pays de chasse du monde. Des lacs

sont couverts de canards sauvages et de poules d'eau ;
des milliers d'oiseaux aquatiques, de grèbes et de
bécassines s'envolent au bruit de la machine, et à peu
de distance du train, des sangliers labourent la terre,
à bonne portée de fusil. La vallée se resserre ensuite
avant la station d'Aïa-Solouk, où nous descendons
après une heure cinquante minutes d'une marche
excessivement rapide. Le village est couronné par une
vieille fortification bâtie sur une hauteur au pied de
laquelle se trouve l'église de Saint-Jean l'Évangéliste,
une des premières du christianisme. Nous traversons
une ancienne ville turque, puis une plaine où des
fouilles récentes ont mis à découvert de nombreux
sarcophages grecs en pierre sculptée, dont quelques-
uns sont fort intéressants. Partout des débris de poteries et de colonnes brisées. C'était là sans doute la
nécropole d'Éphèse, et la ville s'étendait probablement
autour d'un mamelon élevé qu'on voit un peu plus
loin. En contournant ce mamelon, notre guide nous
montre d'abord les ruines d'une porte monumentale
dont le revêtement a disparu, et, en avant, une haute
statue d'homme, drapée, en marbre blanc ; plus loin
es ruines du gymnase et du stade, représentées par
un fouillis de colonnes, chapiteaux, frises, entable-

ments, en marbre blanc du plus beau grain, tout cela affreusement mutilé. Viennent ensuite les ruines du petit théâtre, dont les gradins circulaires existent encore; les portiques de la scène sont aux trois quarts renversés, mais ce qui en reste témoigne d'une grande richesse d'ornementation artistique.

Les ruines grecques se perdent sous les ruines de constructions romaines, puis turques. A une certaine distance de là, quelques débris sont sur l'emplacement présumé du temple de Diane brûlé par Érostrate le jour de la naissance d'Alexandre (356 av. J.-C.). Ce temple, d'ordre ionique, avait été construit avec le produit des dons faits par toutes les villes de l'Asie et était au nombre des sept merveilles du monde. A partir de ce point, le pied de l'acropole était occupé par une longue et large terrasse dont le relief existe encore ainsi que les bases régulières d'une colonnade renversée en bas dans la plaine, et qui conduisait jusqu'au grand théâtre, dont les ruines, tout en étant dans un déplorable état, présentent le plus grand intérêt. Le marbre des gradins du vaste hémicycle a disparu, mais les contours restent parfaitement dessinés : la *scena* et le *proscenium* sont indiqués par les assises encore intactes de leurs soubassements et par des débris nombreux, parmi lesquels se retrouvent des morceaux de bas-reliefs, de trumeaux finement sculptés, de statues et de chapiteaux. Nous apercevons au-dessous de nous quatre colonnes de granit gris sur l'emplacement du tombeau de saint Jean l'Évangéliste et, près de là, une immense vasque de fontaine en marbre rose. Nous ne voyons plus ensuite qu'un amas de ruines amoncelées, à l'exception toutefois d'une porte monumentale en pierres et briques qui servait sans doute d'entrée au chemin de l'acropole. Tout dans ces ruines, l'importance des constructions, la richesse des matériaux et l'art de leur mise en œuvre, offre les traces d'une puissante cité. Des fouilles sérieusement entreprises donneraient sans aucun doute de précieux résultats.

Aussitôt de retour à Smyrne, nous remontons à bord de notre bateau, qui lève l'ancre à quatre heures, en même temps que l'*América,* en partance pour Athènes. Nous le perdons de vue seulement à huit heures du soir, après avoir échangé les saluts réglementaires de la nuit, deux fusées lancées de chaque bord. A neuf heures, nous sommes à Métélin, Mitylène, ancienne île de Lesbos, illustrée par la célèbre Sapho, et si souvent chantée par les poëtes.

Dimanche 6 février. — A six heures, le bateau mouille devant Ténédos,

> notissima fama
> Insula, dives opum. . . . . . .

La ville est une miniature de Beyrouth et de Rhodes. A neuf heures, la vue du mont Ida réveille en nous des souvenirs de la *Belle-Hélène* et nous donne des réminiscences de quelques airs d'Offenbach que nous chantonnons gaiement. Nous réagissons ainsi contre un horrible froid. Enfin nous entrons dans le détroit des Dardanelles, large de deux ou trois kilomètres. C'est entre Cestos et Abydos que, d'après la légende, Léandre passait à la nage pour aller voir Héro. Le détroit ressemble à un superbe fleuve qui coulerait vers l'Archipel. Quatre forteresses massives, placées de chaque côté du détroit, en défendent le passage et contribueraient puissamment à interdire l'entrée d'une flotte aux Dardanelles, si elles étaient convenablement armées et aussi solides que leur structure pourrait le faire supposer.

La neige qui tombe fine et glaciale couvre les côtes, attriste un paysage qui serait charmant, éclairé par le soleil, et rend de plus la navigation dangereuse. Aussi le commandant, resté tout le temps à son poste d'observation, une fois arrivé à Gallipoli, dont les maisons en amphithéâtre sur la mer sont toutes blanches, donne ses ordres pour ne reprendre la route que lorsque la neige aura cessé d'obscurcir l'horizon. Les matelots se succédaient à la barre de dix en dix minutes, une faction plus longue étant devenue impossible pour de pauvres diables obligés d'avoir toujours l'œil au guet et l'oreille aux écoutes.

VI

CONSTANTINOPLE

LE BOSPHORE — SYRA — CORFOU

BRINDISI

VI.

Vous qu'une heureuse fantaisie conduit en Orient, montez en haut de la tour de Galata, contemplez cette cité des Sultans, ces faubourgs, ces palais et ces temples qui s'élèvent à vos pieds; derrière vous un port superbe rempli de navires, devant vous cette mer de Marmara, miroir céleste encadré dans les rives fleuries de deux continents; là les teintes brillantes de Scutari, la ville asiatique, ici les remparts du vieux sérail et, au milieu de cette mer, les îles des Princes et le château solitaire auquel une fausse tradition a donné le nom de Léandre. Quand vous aurez ainsi contemplé de tous côtés ce magique horizon, vous remercierez à jamais le sort qui a mis un tel tableau sous vos yeux et imprimé une telle image dans votre mémoire.

(*Du Rhin au Nil*, par X. MARMIER.)

Lundi 7 février. — Vers trois heures, le capitaine signale Constantinople, que son œil exercé lui fait voir au loin. Encore quelques minutes et nous apercevrons Stamboul. Déjà à gauche se détachent dans la brume quelques minarets élancés et le château des Sept-Tours baigné dans la mer. Nous rasons la pointe du Sérail (ancienne Byzance), que nous doublons pour entrer dans le golfe de la Corne d'Or, qui s'étend entre Stamboul et Galata.

L'*Urano* jette l'ancre au milieu de nombreux navires, une vraie forêt de mats pavoisés à toutes les couleurs, et d'innombrables caïques qui voltigent sur l'eau comme une nuée d'oiseaux de mer. Nous débarquons à Top'hané dans un tohu-bohu général. Après les formalités d'usage, inspection des passe-ports, visite des colis à la douane, nous arrivons à l'hôtel d'Angleterre par un dédale de ruelles étroites, tortueuses, remplies de neige et encombrées de chiens et enfin par une longue et large rue en escaliers, celle de Péra, qui conduit au quartier européen (Péra).

Les porteurs de bagages, les hammals, forts comme des Turcs, le proverbe dit vrai, portent nos malles sur des coussinets de cuir reposant sur leurs épaules et marchent tout courbés sous le poids de leur charge. Leur costume se compose de pantalons de toile bouffants, d'une veste d'étoffe jaunâtre et d'un fez entouré d'un mouchoir.

Après le livre de Théophile Gautier, *Constantinople,* il n'y a pas de description possible. Emprunter à ce charmant écrivain des pages entières est la seule chose qui reste à faire, et, pour commencer, je veux, quand je relirai ces souvenirs de voyage, avoir sous les yeux ce qu'il appelle modestement un léger croquis au crayon d'un tableau bien fidèlement rendu, l'aspect général de Constantinople :

« Un panorama merveilleux se déploie sous mes yeux comme une décoration d'opéra dans une pièce féerique. La Corne d'Or est un golfe dont le vieux Sérail et l'échelle de Top'hané forment les deux caps et qui s'enfonce à travers la ville, bâtie en amphithéâtre sur ses deux rives, jusqu'aux eaux douces d'Europe, et à l'embouchure du Barbysès, petit fleuve qui s'y jette. Son nom de Corne d'Or vient sans doute de ce qu'il représente pour la ville une véritable corne d'abondance, par la facilité qu'il donne aux navires, au commerce et aux constructions navales.

« En attendant que nous puissions descendre à terre, faisons un léger croquis au crayon du tableau que nous peindrons plus tard. A droite, au delà de la mer, blanchit un immense bâtiment percé régulièrement de plusieurs rangées de fenêtres et flanqué à ses angles d'espèces de tourelles surmontées de hampes de drapeaux; c'est une caserne, le bâtiment le plus considérable, mais non le plus caractéristique de Scutari, désignation turque de ce faubourg asiatique de Constantinople qui se déploie, en remontant du côté de la mer Noire, sur l'emplacement de l'ancienne Chrysopolis, dont il ne reste aucun vestige.

« Un peu plus loin, au milieu de l'eau, s'élève sur un îlot de rochers un phare éclatant de blancheur, qu'on appelle la tour de Léandre ou encore la tour de la Fille, quoique l'endroit ne se rapporte en rien à la légende des deux amants célébrés par Musée. Cette tour, d'une forme assez élégante et que la pureté de la lumière fait paraître d'albâtre, se détache admirablement du ton d'azur foncé de la mer.

« A l'entrée de la Corne d'Or, Top'hané s'avance, avec son débarcadère, sa fonderie de canons et sa mosquée au dôme hardi, aux sveltes minarets, bâtie par le sultan Mahmoud. Le palais de l'ambassade de Russie dresse au-dessus des toits de tuiles rouges et des touffes d'arbres sa façade orgueilleusement dominatrice, qui force le regard et semble s'emparer de la ville par avance, tandis que le palais des autres ambassades se contente d'une apparence plus modeste. La tour de Galata, quartier occupé par le commerce franc, s'élève au milieu des maisons, coiffée d'un bonnet pointu de cuivre vert-de-grisé, et domine les anciennes murailles génoises tombant en ruines à ses pieds. Péra, la résidence des Européens, étage au sommet de la colline ses cyprès et ses maisons de pierre, qui contrastent avec les baraques de bois turques et s'étendent jusqu'au champ des Morts.

« La pointe du Sérail forme l'autre cap, et sur cette rive se déploie la ville de Constantinople proprement dite. Jamais ligne plus magnifiquement accidentée n'ondula entre le ciel et l'eau. Le sol s'élève à partir de la mer, et les constructions se présentent en amphithéâtre; les mosquées dépassant cet océan de verdure et de maisons de toutes couleurs, arrondissent leurs coupoles bleuâtres, dardent leurs minarets blancs entourés de balcons et terminés par une pointe aiguë dans le ciel clair du matin, et donnent à la ville une physionomie orientale et féerique à laquelle contribue beaucoup la lueur argentée qui baigne leurs contours vaporeux. Un voisin officieux nous les nomme par ordre en partant du Sérail et en remontant vers la Corne d'Or : Sainte-Sophie, Saint-Iréné, Sultan-Achmet, Osmanieh, Sultan-Bayezid, Solimanieh,

Sedja-Djamissi, Sultan-Mohamed II, Sultan-Sélim. Au milieu de tous ces minarets, derrière la mosquée de Bayezid, se dresse à une prodigieuse hauteur la tour du Séraskier, d'où l'on signale les incendies.

« Trois ponts de bateaux rejoignent les deux rives de la Corne d'Or, et permettent une communication incessante entre la ville turque et ses faubourgs aux populations bigarrées. La principale rue de Galata aboutit au premier de ces points. Mais n'anticipons pas sur ces détails qui viendront à leur place et bornons-nous à l'aspect général. Comme à Londres, il n'y a pas de quais à Constantinople et la ville plonge partout ses pieds dans la mer; les navires de toutes nations s'approchent des maisons sans être tenus à distance respectueuse par un quai de granit. Près du pont, au milieu de la Corne d'Or et au large, stationnaient des flottilles de bateaux à vapeur anglais, français, autrichiens, turcs : omnibus d'eau, watermen du Bosphore, cette Tamise de Constantinople où se concentrent tout le mouvement et toute l'activité de la ville; des myriades de canots et de caïques sillonnaient comme des poissons l'eau azurée du golfe... »

Mardi 8 février. — La neige tombe en épais flo-

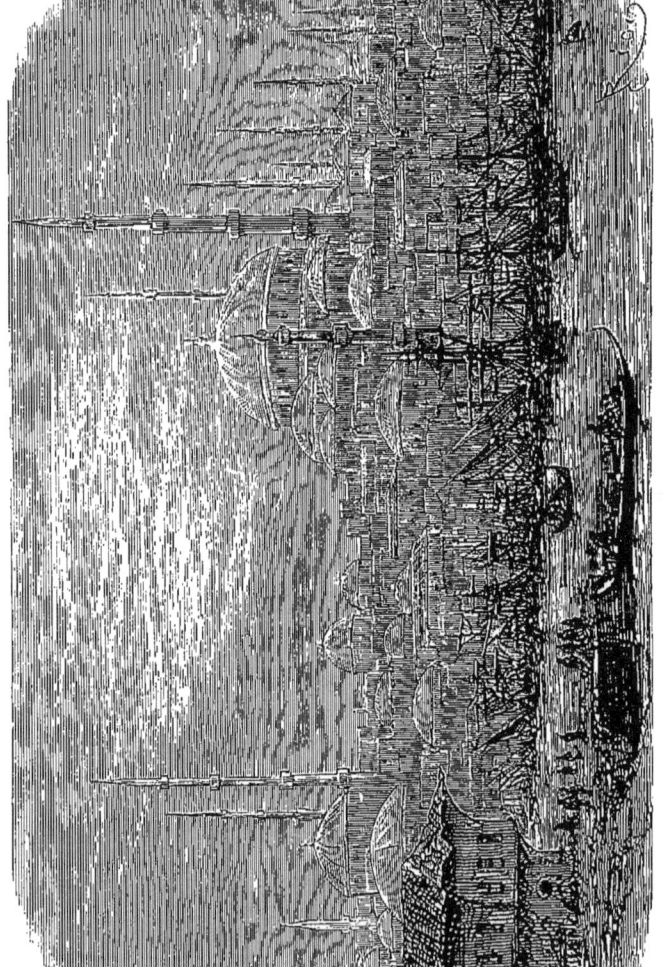

STAMBOUL.

cons, la mer Noire est en furie et nous apprenons que trois naufages ont eu lieu hier dans la mer de Marmara. Malgré la rigueur du temps, notre drogman nous conduit à Stamboul en passant par le pont de Galata et traversant des quartiers mis en ruines par les fréquents incendies qui ravagent la vieille ville. Le grand bazar forme comme une ville dans la ville, avec ses rues, ses galeries cintrées ou construites en ogives, ses carrefours et ses places dans lesquelles on a de la peine à retrouver son chemin, tout cela voûté, obscur et dénué de ce que l'on est convenu d'appeler la magnificence orientale.

Nous parcourons successivement le bazar des armes, où sont renfermées tant de choses précieuses : lames de Damas, vieux fusils ciselés et incrustés, selles enrichies de pierreries, d'argent et d'or; celui des orfévres où sont entassées des richesses incroyables, diamants, perles, topazes, émeraudes et turquoises; le bazar des soies de Brousse, des cachemires de l'Inde et de la Perse; celui des broderies en or et en argent, des tapis, des parfumeurs avec leurs essences de rose et de jasmin et l'arsenal complet de la coquetterie turque. Le plus curieux de tous, le bazar d'Égypte, est celui qui contient les drogueries et les produits chimiques ; l'odeur en est pénétrante, monte à la tête et finirait par enivrer.

Les boutiques sont comme celles du Caire et de Damas, des espèces d'échoppes qu'on ferme le soir et dans lesquelles les marchands accroupis passent leurs journées à fumer leurs pipes d'un air impassible, se souciant fort peu des acheteurs. Les plus luxueuses sont celles des marchands de tuyaux de pipes, de bouquins d'ambre enrichis de diamants, de narghilés en or ou en argent ornés de pierres précieuses. A Constantinople, où une partie de la vie s'écoule en fumant, on attache une grande importance à toutes les choses nécessaires à ce passe-temps qui procure de si bonnes heures de rêveries et de songes.

Mercredi 9 février. — Encore du froid et de la neige, encore une journée bien faite pour la flânerie dans les bazars. Nous y retournons donc, en passant cette fois par le vieux pont et laissant à notre droite l'arsenal de la marine, l'hôpital des marins et, au fond de la Corne d'Or, le pavillon des eaux douces d'Europe.

Une heure est vite passée chez le marchand arménien Ludovic, qui nous laisse mettre sens dessus dessous son curieux magasin : vieilles armes, yatagans et poignards de toutes les formes, cachemires de l'Inde et de la Perse, soieries de Brousse, costumes éblouissants, nous regardons tout, nous bouleversons tout; après quoi, la rue du Séraskiérat, garnie de boutiques de marchands de latakié et de tombeki, ces excellents et incomparables tabacs turcs, de boutiques de tourneurs d'ambre et de fabricants de tuyaux de pipes en cerisier ou en jasmin, nous mène à la cour du Seraskiérat, dans laquelle se trouve une tour élevée pour les guetteurs de feu. Ceux-ci regardent si, dans l'immense horizon développé sous leurs pieds, il ne se produit pas un commencement d'incendie. Dans ce cas, par des signaux suspendus au phare, les habitants sont prévenus du sinistre. Le cri lugubre *hiangin var!* retentit dans les rues et les pompiers s'élancent dans la direction du feu. De semblables vigies veillent aussi à la tour de Galata. Les incendies sont fréquents à Constantinople et il n'est guère de semaine où l'on n'ait à déplorer la destruction complète d'un grand nombre de maisons. Elles sont construites presque toutes en bois, très-inflammables par conséquent, et il est difficile de se rendre maître du feu.

L'usage de la pipe et des brasiers, et aussi, il faut

bien le dire, la négligence des Turcs, sont en grande partie la cause de ces désastres.

La cour du Seraskiérat sert de champ de manœuvres aux troupes turques, contient des pavillons en marbre destinés au sultan et s'ouvre, par une porte monumentale aussi en marbre, sur la place de la mosquée de Bajazet, dans l'intérieur de laquelle vivent plusieurs milliers de pigeons sacrés sous la garde d'un bon vieux turc placé là exprès pour leur donner la nourriture.

Jeudi 10 février. — Dans un canot mené par de vigoureux bateliers et qui glisse comme un serpent sur la Corne d'Or au milieu d'innombrables navires, les uns immobiles sur leurs ancres, les autres cinglant vers la mer de Marmara ou la mer Noire, nous abordons à la pointe du Sérail pour visiter d'abord le kiosque du sultan Abdul-Medjid. La vue y est splendide et le Bosphore est enfin éclairé par un beau soleil. C'est là que le sultan se rend deux fois par an, aux fêtes du petit et du grand Beïram, avant d'aller à la mosquée.

A côté, se trouve le kiosque en marbre blanc de Murad II, dans lequel Dimitri nous montre une jolie salle garnie de faïences persanes avec coupole richement ornée d'arabesques d'or sur fond rouge, et une autre salle contenant une belle collection de vieux fusils de remparts.

Nous voyons un peu plus loin le kiosque de la Bibliothèque avec ses armoires contenant les éditions les plus rares du Koran; plus loin encore, le pavillon du Trône. Le trône est placé sous un riche baldaquin carré en cuivre doré dont les colonnettes sont semées de rubis, de turquoises et d'émeraudes. Rien n'est plus riche et plus royal. Un grillage doré sépare la salle du trône de celle où se tiennent les personnes admises à parler au sultan.

De là, on arrive par une porte en marbre à une cour rectangulaire plantée de cyprès, dans laquelle le sultan, après avoir stationné dans chaque pavillon, monte à cheval les jours de Beïram pour se rendre à la mosquée, et au pavillon des femmes, dont l'entrée est interdite aux profanes, même lorsque les oiseaux sont envolés de la cage. On gagne ensuite la place de l'Arsenal, où l'ancienne église grecque de saint Iréné contient une belle collection d'armes anciennes et historiques, et dont toutes les coupoles et colonnes sont recouvertes de haut en bas par des fusils, pistolets, sabres et carabines arrangés avec symétrie; dans une cour latérale, un musée des antiques, peu riche et mal classé, renferme quelques bonnes sculptures grecques, bas-reliefs et inscriptions, une chaîne en fer qui servait à former le Bosphore, des sarcophages de porphyre et une tête de serpent en bronze provenant de la colonne coupée d'un coup de sabre par le sultan Mahomet II.

Nous passons devant l'élégante fontaine d'Achmet, où l'art arabe s'allie à l'art turc : puis, après avoir longé les murs de l'arsenal et traversé un quartier en ruines, nous arrivons à la porte latérale de Sainte-Sophie, le plus ancien et le plus remarquable monument de Constantinople, qui fut, comme tout le monde le sait, une église chrétienne dédiée à la Sagesse divine Ἁγία Σοφία. L'extérieur n'est qu'un amas de constructions difformes et de contreforts d'où s'élève une grande coupole flanquée de quatre minarets.

C'est l'heure de la prière et nous entrons d'abord dans les galeries supérieures par une rampe à pente douce qu'on pourrait gravir à cheval. Là, notre admiration est à son comble : le coup d'œil est saisissant et grandiose ; la coupole d'une hauteur immense s'évase comme la sphère des cieux. Rien n'est plus beau que cet intérieur de Sainte-Sophie, avec ses dômes majestueux, ses riches tribunes reposant sur des colonnes de porphyre, de jaspe, de vert antique, ses voûtes recouvertes de mosaïques à fond d'or, représentant des sujets chrétiens qui ont disparu malheureusement presque tous sous un badigeon jaune d'ocre à rosaces polychromes [1]. Des cercles de fer garnis de veilleuses formant lustres sont suspendus à des cordons de soie où pendent aussi des œufs en faïence siliceuse, des glands de soie, des boules de cristal et des lampes de verre émaillé, merveilleux spécimens de l'art oriental. Des tapis à compartiments orientés vers la Mecque (et à cause de cette orientation tout est oblique par rapport à l'axe de la nef), garnissent le sol de la mosquée. La chaire et la tribune du sultan sont découpées à jour et d'un travail d'une délicatesse exquise. Malheureusement, pour nuire à cet admirable ensemble, d'immenses disques verts portant en lettres d'or des maximes du Koran sont appendus aux murailles et y produisent un déplorable effet. Le tapis de prière de Mahomet est accroché à une colonne, et sur une autre colonne on voit, d'après la légende, la main que Mahomet II le Conquérant y appliqua après l'avoir

1. M. de Salzenberg a pu, à l'époque de la restauration de Sainte-Sophie (1847), en relever de précieux dessins.

trempée dans le sang des chrétiens massacrés dans l'église. La même légende ajoute qu'une porte murée par laquelle s'enfuit le prêtre qui officiait au moment de l'entrée des Turcs, se rouvrira lorsque l'église sera rendue au christianisme.

Nous traversons pour sortir un beau vestibule fermé par une magnifique porte en bronze ciselé, ornée d'une croix grecque.

Sur la place de l'Atmeïdan, ancien hippodrome de Justinien, se trouvent encore un obélisque égyptien couvert de ses hiéroglyphes, une colonne en maçonnerie qui formait, au temps de Constantin, le noyau d'une pyramide murée et recouverte de bronze doré et enfin le reste de la colonne serpentine, formée par l'enroulement de trois serpents dont les têtes furent abattues d'un coup de sabre par Mahomet II.

A quelque distance de l'hippodrome, au milieu d'un terrain rempli de décombres, on descend par un escalier de cinquante marches environ à une citerne tarie appelée les *mille et une colonnes*. Un certain nombre de ces colonnes, deux cent vingt-quatre, je crois, supportent des arcades en plein cintre et forment plusieurs nefs sous lesquelles sont installés des

PLACE DE L'ATMEÏDAN.

ateliers de cordiers. Cette citerne, construite par Justinien, conservait les eaux douces nécessaires à l'alimentation de Byzance.

Sur la place de l'Atmeïdan, un musée que Théophile Gautier appelle spirituellement l'herbier de la nationalité turque, renferme une collection de mannequins portant les anciens costumes ottomans. Il y a plus de cent personnages habillés avec une scrupuleuse exactitude, qui font revivre la Turquie des Mama-Mouchis existant encore avant le massacre des Janissaires. Tous ces types sont curieux et amusants à regarder; malheureusement le temps nous presse et il faut passer rapidement devant le chef des eunuques, le grand vizir, les janissaires, les officiers de la maison du grand seigneur, les cuisiniers, les jardiniers, etc...

A gauche de la place de l'Atmeïdan s'élève la mosquée d'Achmet, la métropole de l'islamisme à Constantinople. Six minarets élancés autour de la haute coupole donnent à l'extérieur une grande légèreté. Une cour entourée d'une colonnade formant un quadruple portique précède la mosquée, dans laquelle on entre par une porte en bronze. Quatre énormes colonnes cannelées, trop grosses pour leur hauteur, soutiennent la coupole centrale; les murs sont revêtus de jolies faïences et sont aussi ornés de versets du Koran en grands caractères arabes.

Près de la mosquée, il y a dans un pavillon de marbre les sépultures du sultan Mahmoud et de sa famille; les cercueils, recouverts des plus riches étoffes de l'Inde ou de velours brodé d'or, celui du Sultan surmonté de son turban à aigrette de pierreries, sont déposés dans un véritable salon, garni de splendides tapis de Perse, orné de pendules et renfermant aussi de magnifiques éditions du Koran.

Nous visitons encore la mosquée de Soliman le Magnifique, dont les proportions sont belles et harmonieuses. Mais elle ressemble aux autres, à peu de chose près. Soliman et sa famille reposent dans un turbé construit près de cette mosquée : à côté se trouve le tombeau de la célèbre Roxelane.

Vendredi 11 février. — Aujourd'hui le ciel est sans nuages, le soleil étincelant. Aussi allons-nous au pont de Galata nous embarquer sur un bateau à vapeur de la compagnie *Chirket-i-Haïrié* qui nous mène jusqu'à la mer Noire. Sur les rivages enchantés du Bosphore, l'Europe et l'Asie confondent leurs beautés; paysage sévère d'une part, aux lignes simples et grandioses : c'est l'Europe ; vallées sinueuses, collines arrondies, forêts de platanes et de cyprès de l'autre côté du détroit : c'est l'Asie ; et avec tout cela, un ciel inondant de lumière les gazons frais et la mer bleue. Tout le temps, nous naviguons entre une double ligne de palais, de villas, de maisons en bois peintes et de ruines pittoresques, au milieu d'un mouvement inouï de vaisseaux de guerre, de bateaux à vapeur, de bricks de commerce et de milliers de caïques qui, rapides comme des flèches, sillonnent les eaux du Bosphore dans tous les sens. Voici le merveilleux panorama qui se déroule successivement sous les yeux : d'abord, en sortant de la Corne d'Or, Scutari, ses casernes blanches, ses hauts minarets, et à gauche Top'hané dominé par la ville de Péra ; puis le palais en marbre blanc, du Sultan, et une élégante mosquée devant laquelle les troupes turques et le cortége impérial attendent le Sultan qui se rend tous les vendredis en grande pompe à Sainte-Sophie. C'est, après, le parc immense et la serre monumentale de Beschik-tash et une suite non interrompue de palais et de résidences d'été ; sur la rive d'Asie, Beiler-Bey, habité par l'Impératrice des Français pendant son séjour à Constantinople.

Le Bosphore s'élargit ensuite et forme une baie au fond de laquelle s'élèvent les villas de Babec, habitées en été par les ministres de la Porte. En face de Babec, un kiosque et une charmante fontaine en marbre blanc : ce sont les eaux douces d'Asie, promenade favorite des Osmanlis.

Un peu plus loin, les rives se rapprochent considérablement et sont dominées, à gauche, par la tour de Roumélie ou château d'Europe, et par le château d'Asie à droite, après quoi le Bosphore s'élargit et fait un coude gracieux pour former le magnifique bassin de Bëcos, dans lequel se réunirent les flottes alliées en 1854, lors de la campagne de Crimée. A quelque distance de là, sur la rive d'Europe, à la pointe d'un petit promontoire, nous voyons : à Thérapia, le palais de l'ambassadeur de France, séjour délicieux à l'abri des ardeurs du soleil et dans une admirable situation ; et, en face, sur la rive d'Asie, le Mont Géant couronné par le Lit d'Hercule ou bien le Tombeau de Josué. Nous arrivons enfin au fond du Bosphore, à Buyuck-Déré, un des plus charmants villages de plaisance qui existent au monde, et à Yeni-Mahallé, tout rempli de ravissantes demeures, dont la plus belle, entourée d'un parc immense, appartient à l'ambassade de Russie. C'est de là qu'on aperçoit la mer Noire, le point le plus éloigné de mon voyage, et c'est de là que le même bateau nous ramène à Constantinople, émerveillés de cette variété de tons, de sites et d'effets de lumière, dont nul peintre ne peut rendre l'ensemble harmonieux, dont nul écrivain ne peut dire le charme infini.

Samedi 12 février. — Départ de Constantinople sur l'*Urano*, une vieille connaissance; sortie du port par un temps splendide qui permet d'admirer une dernière fois un paysage magique : à gauche Scutari, à droite Stamboul, Sainte-Sophie, la mosquée d'Achmet, celle de Soliman le Magnifique, plus loin, le château des Sept Tours. La mer est tranquille comme un lac et sur les flots d'azur le bateau trace un sillage d'argent dans lequel se jouent des centaines de marsouins.

Pendant que je vois s'évanouir comme un beau songe Constantinople, qui s'efface à l'horizon, ma pensée s'égare dans le passé et me ramène à une époque dont le souvenir éveille en moi un légitime orgueil. Mes aïeux, les l'Ange Comnène, furent les maîtres de l'Orient au xie siècle et donnèrent des empereurs à Constantinople pendant plusieurs générations. Les grandes ombres d'Isaac Ier proclamé à Sainte-Sophie en 1057, d'Alexis Ier son neveu, de Jean qui fut célèbre par son amour des armes et sa gloire militaire, celles de leurs descendants, passent successivement sous mes yeux et viennent rappeler au modeste passager de l'*Urano*, qui a connu à Versailles Mlles Comnène, derniers rejetons de cette illustre famille, que tout est instable en ce bas monde.

> Ainsi tout change, ainsi tout passe,
> Ainsi nous-mêmes nous passons,
> Hélas! sans laisser plus de trace
> Que cette barque où nous glissons
> Sur cette mer où tout s'efface.
>
> (LAMARTINE, *Méditations*.)

Dimanche 13 février. — Nous avons traversé cette nuit le détroit des Dardanelles, et ce matin nous avons navigué entre les nombreuses îles de l'Archipel, les Cyclades et les côtes de la Grèce, excessivement nues et découpées. Vers une heure, nous arrivons devant Syra, dont les maisons étincelantes de blancheur sur un fond de montagne de couleur sombre, s'élèvent en amphithéâtre au-dessus de la mer et forment un triangle dont le sommet est occupé par la vieille

Église de Saint-Georges. Dans la ville basse, les maisons belles et neuves baignent dans la mer; dans la ville haute, elles s'écroulent et tombent en ruines. On dirait que la vie quitte la tête pour se réfugier aux pieds. Les canots vont et viennent dans la rade, et malheureusement pour moi l'un d'eux emmène mes compagnons de voyage à bord du *Schild* sur lequel ils s'embarquent pour aller à Athènes. Ce n'est pas sans une certaine émotion que je leur serre la main; depuis quatre mois nous voyagions ensemble dans une même communauté de goûts, partageant les mêmes fatigues, ballottés par la même vague. Me voilà donc seul aujourd'hui, tout triste de voir se fermer sitôt un des meilleurs chapitres de ma vie! Mais l'espoir d'être dans huit jours au milieu des miens adoucit un peu les moments d'une pénible séparation qui va me priver d'une intimité de chaque jour, difficile à retrouver au milieu des préoccupations et du mouvement de l'existence mondaine de Paris.

Lundi 14 février. — La mer devient houleuse vers midi; elle est furieuse quand nous doublons le cap Matapan, après avoir passé devant Cerigo, ancienne Cythère, autrefois cité des myrtes et des roses, aujourd'hui une affreuse terre pelée et stérile comme les autres îles de la Grèce. — La mer est tout entière blanche d'écume et gronde en sourds mugissements ; le bruit des vagues, les vents qui soufflent avec violence, les flots qui se soulèvent comme des montagnes sont pour moi de vraies jouissances. Quel spectacle grandiose! Combien j'admire ce calme, ce sang-froid du marin, appelé sans cesse à lutter avec les éléments, à les combattre, à s'en rendre maître, et combien je comprends aussi qu'au milieu des dangers, l'homme impuissant quelquefois à vaincre le péril, élève son âme vers le ciel et implore la miséricorde divine, en courbant la tête devant le maître du monde!

> Illi robur et æs triplex
> Circa pectus erat, qui fragilem truci
> Commissit pelago ratem
> Primus. . . . . . .
> (HORACE, *Ode* III.)[1]

Trois vaisseaux de guerre se sont mis à l'abri de la tourmente dans le port de Navarin. — Le soir,

---

[1]. Il était, certes, cuirassé de chêne et d'un triple airain, le téméraire qui, le premier, sur un fragile esquif, affrontait la mer indignée!

(Jules JANIN.)

nous retrouvons un peu de calme dans le canal de Zante et un peu plus tard dans celui de Céphalonie.

Mardi 15 février. — Ce calme n'a duré que peu de temps, la nuit a été des plus agitées, le bateau a dansé comme un diable et tout est pêle-mêle par terre, au milieu de ma cabine. Enfin me voici à Corfou, et tout de suite à terre en attendant le départ d'un paquebot italien qui chauffe pour Brindisi : charmant, Corfou, avec son vieux fort, ses jardins verts, ses collines couvertes d'orangers en fruits et de magnifiques oliviers ; très-pittoresque, le ravissant îlot The Covent, et délicieuse, la résidence d'été du roi de Grèce, *Mon Repos,* située presque à pic au bord de la mer. Partout de la verdure, des rosiers en fleurs, une luxuriante végétation.

Les Grecs ont beaucoup de couleur locale. Généralement beaux hommes, le nez aquilin et de fortes moustaches, ils portent la fustanelle, la veste blanche et les guêtres ornées de nombreux boutons d'argent. Quelques-uns, les plus élégants, ont sur l'épaule la veste rouge brodée d'or et à la ceinture de riches pistolets et de superbes poignards.

Mercredi 16 février. — Après une traversée de

douze heures environ, par un temps semblable à celui des jours précédents, le *Prince Amédée,* sur lequel j'ai eu la chance de retrouver M. et Mme de Pierre, retour d'Athènes, M. R. Guld, secrétaire de la légation de S. M. britannique, et le duc de Hamilton, qui envoie son yacht à Livourne, fait son entrée à Brindisi, dans une belle rade en triangle communiquant par un goulet de 100 mètres de large avec le port qui se divise en deux bras et enveloppe ainsi la ville sur presque toute sa circonférence. Le percement du Mont-Cenis donnera à ce port une très-grande importance, en faisant faire par la voie de terre une économie de temps de trente-huit heures et en diminuant la traversée de soixante-dix heures de mer. Aussi Marseille perdra bien probablement le service postal dont elle a maintenant le privilége et ne pourra conserver entièrement le passage des voyageurs pour les Indes.

La ville de Brindisi, par elle-même ne présente aucun intérêt et je la quitterai ce soir à sept heures.

Brundisium longæ finis chartæque viæque est [1].
(HORACE, *Sat.* v.)

---

1. « Brindes sera le terme de ce long voyage et de cette longue narration. »   (J. JANIN.)

Dimanche 20 février. — Quatre-vingt six heures après j'étais à Paris! J'avais vu l'Italie, pour ainsi dire à vol d'oiseau, en suivant la mer de Brindisi à Rimini et passant ensuite à Bologne, Pavie, Alexandrie, Gênes. Le temps était gris, le ciel gris, était-ce donc là le climat si vanté de l'Italie? Le vendredi 18, j'avais parcouru le chemin de la Corniche, route admirable, pittoresque, la plus belle chose du monde après le Nil et le Bosphore ; à gauche, une belle mer azurée; à droite, de hautes montagnes couvertes de neige, des gorges fertiles, des collines semées de charmantes habitations. Enfin, à Menton j'avais foulé le sol de la France, heureux de revoir cette belle patrie où j'allais retrouver ma famille, mes amis, mes habitudes.

Bon souper, bon gîte et le reste.

TABLE DES MATIÈRES.

CHAPITRE PREMIER.

Pages.

En mer. — Alexandrie. — Pord-Saïd. — Inauguration du canal de Suez. — Ismaïlia. — Suez. — Arrivée au Caire. — Les Pyramides.   1

CHAPITRE II.

Le Caire. — Les Mosquées. — Les Bazars. — Le Ramadan. — Excursions dans les environs du Caire. . . .   42

CHAPITRE III.

Le Nil. — La Haute-Égypte.   65

CHAPITRE IV.

Jaffa. — Jérusalem. — La mer Morte et le Jourdain. — Jéricho.   95

CHAPITRE V.

Beyrouth. — Damas. — Chypre. — Rhodes. — Smyrne. — Les Dardanelles. — La mer de Marmara. 152

CHAPITRE VI.

Constantinople. — Le Bosphore. — Syra. — Corfou. — Brindisi. 191

www.ingramcontent.com/pod-product-compliance
Lightning Source LLC
Chambersburg PA
CBHW070656170426
43200CB00010B/2264